创新创业管理案例

杜 辉 李英爽 主编

知识产权出版社
全国百佳图书出版单位

图书在版编目（CIP）数据

创新创业管理案例/杜辉，李英爽主编. —北京：知识产权出版社，2017.8
ISBN 978-7-5130-4956-6

Ⅰ.①创⋯　Ⅱ.①杜⋯　②李⋯　Ⅲ.①大学生—创业—教学研究　Ⅳ.①G647.38

中国版本图书馆CIP数据核字（2017）第143012号

内容提要

本书涵盖了机会识别、商业模式构建、团队组建、战略选择、创业融资、创业风险诊断和企业家精神等重要知识点和环节，充分体现了创业理论与实践知识的结合。书中案例不仅有助于教师在教学中使用，也为学生和读者从管理专业视角深刻分析这些案例提供了指导性思路。通过对案例的集中阅读、综合分析和充分讨论，强化培养学生分析解决创业过程中遇到的实际问题的能力，使其做到创业理论与实践知识相结合，从而提高其综合素质。

本书不仅适合于普通高等院校创业教育基础课的案例教学，也适用于工商管理相关专业的课程教学，还可作为在校大学生进行校内创业的参考用书，或者大学生创业计划大赛和各种创业培训项目的培训用书。

责任编辑：张筱荼

封面设计：睿思视界　　　　　　　　　责任出版：刘译文

创新创业管理案例

主　编　杜　辉　李英爽
副主编　龚秀敏

出版发行：知识产权出版社 有限责任公司	网　　址：http://www.ipph.cn
社　　址：北京市海淀区气象路50号院	邮　　编：100081
责编电话：010-82000860转8180	责编邮箱：baina319@163.com
发行电话：010-82000860转8101/8102	发行传真：010-82000893/82005070/82000270
印　　刷：北京科信印刷有限公司	经　　销：各大网上书店、新华书店及相关专业书店
开　　本：720mm×1000mm　1/16	印　　张：14
版　　次：2017年8月第1版	印　　次：2017年8月第1次印刷
字　　数：200千字	定　　价：48.00元
ISBN 978-7-5130-4956-6	

出版权专有　侵权必究
如有印装质量问题，本社负责调换。

前　言

根据教育部制定的《普通本科学校创业教育教学基本要求（试行）》通知，本团队相继编写了一系列创业教材。考虑到创业本身具有较强的实践性，为了使学生能够充分理解创业过程中的机会识别、商业模式构建、团队组建、战略选择、寻找融资、风险识别等重要知识点和实施要点，本团队针对性地编写了《创新创业管理案例》一书。本书包括15个案例，基本涵盖创业过程的重要环节。

与同类图书相比，本书的特点如下：

一是精选案例与真实案例相结合。在选择案例主题和案例企业的过程中，编写组成员经过多轮讨论，最终决定选用知名企业和部分小企业组合，既增加了学生的兴趣，又能够增加学生对创业历程艰辛的认知。

二是突出案例的规范性、实用性和适用性。本书所有案例和相应的案例使用说明书均是参照"百优案例"的编写要求进行编写，便于对案例感兴趣的学生进行借鉴和学习；案例使用说明书详细说明了本案例涉及的主要理论依据，这些理论同时也是普通本科创业教育教学中的重点知识点，除此之外，使用说明还包括启发思考题、案例分析思路、关键要点、分析路线等，便于教师授课和学生自学使用，因而具有一定的实用性和适用性。

本书由北京联合大学管理学院的教师通力合作，共同努力完成。杜辉老师和李英爽老师担任本书主编，龚秀敏老师担任副主编。北京联合大学管理学院陶秋燕院长、杨冰副院长参与了本书前期体例、内容等的讨论。

编写组成员承担的案例为：案例1、3，龚秀敏；案例2、15，李英爽；案例4、5，陈琳；案例6，刘成；案例7、8、9、10，杜辉；案例11，陶金元；案例12，叶敏、赵伯庄；案例13、14，温强。所有参与案例编写的老师都为本书的编写搜集了大量的资料，付出大量的心血。全书由杜辉老师和龚秀敏老师提出修改意见、负责章节内容的审定，章节总纂与最终定稿，李英爽老师参与并进行协助，一起完成统稿工作。

本书在编写过程中，学习、借鉴和参考了国内外大量相关资料及研究成果，有的案例涉及真实的创业企业，所有这些案例的内容来自对网络资料和新闻采访记录的参考和改编。还有的是课题组深入企业调研访谈所得资料。为了表示对这些作者和企业的尊重和敬意，我们对所引用的资料，通过注释及参考文献的方式尽可能详尽地进行标注。在此，谨向这些作者表示最诚挚的感谢！

另外，在此特别声明，案例无意暗示或说明某种管理行为是否有效。

本书是国家科技支撑项目"基于移动互联网的大学生创新创业服务体系研究及应用示范（2015BAH15F01）"的研究成果。

本案例集的出版，承蒙知识产权出版社大力支持。张筱茶女士在本书编写前期给予了很多帮助，对本书的出版、书稿的审定进行了细致的审阅并给予很多建设性意见。在此深表谢意！

限于编者的学识水平，书中错漏之处在所难免，恳请各位同人及读者指正。

目　　录

特斯拉的创新之旅——颠覆性创新还是维持性创新？ …………… 1
　　案例 1 · 正文 / 1
　　案例 1 · 使用说明 / 9

"地瓜社区"：地下室里有乾坤 ………………………………… 15
　　案例 2 · 正文 / 15
　　案例 2 · 使用说明 / 23

Airbnb 从 0 到 1 的华丽转身 …………………………………… 30
　　案例 3 · 正文 / 30
　　案例 3 · 使用说明 / 38

苹果公司的商业模式创新之路 …………………………………… 44
　　案例 4 · 正文 / 44
　　案例 4 · 使用说明 / 53

迪斯尼公司的商业模式 …………………………………………… 60
　　案例 5 · 正文 / 60
　　案例 5 · 使用说明 / 69

大米小龙侠的创业故事 ·· 75
  案例 6 · 正文 / 75
  案例 6 · 使用说明 / 82

任正非的苦难人生和创业经历 ·· 88
  案例 7 · 正文 / 88
  案例 7 · 使用说明 / 97

军人出身的创始人和他的 RS 公司 ·································· 102
  案例 8 · 正文 / 102
  案例 8 · 使用说明 / 111

阿里巴巴的创始人马云和他的"十八罗汉"团队 ············ 117
  案例 9 · 正文 / 117
  案例 9 · 使用说明 / 124

黄金创业团队——腾讯"五虎将" ·································· 132
  案例 10 · 正文 / 132
  案例 10 · 使用说明 / 140

路就在脚下么？——BL 公司战略抉择 ·························· 148
  案例 11 · 正文 / 148
  案例 11 · 使用说明 / 155

"老干妈"市场推广策略 ·· 160
  案例 12 · 正文 / 160
  案例 12 · 使用说明 / 165

老张的融资和创业 169
  案例13·正文／169
  案例13·使用说明／181

林工的烦恼：技术人员创业融资为何如此难 187
  案例14·正文／187
  案例14·使用说明／196

古驰奥·古驰（Guccio Gucci）家族兴衰 203
  案例15·正文／203
  案例15·使用说明／210

案例 1·正文

特斯拉的创新之旅
——颠覆性创新还是维持性创新?

【摘　要】 特斯拉是全球汽车领域著名的创新型公司。其创始人伊隆·马斯克率领特斯拉把一个个创新想法变成了现实,不但搅动了全球的汽车业,还向世界证明了环保型电动汽车是有需求、有市场、有发展空间的。然而特斯拉的创新能持久吗?它有竞争者吗?它是否开辟了崭新的市场?它是颠覆性的创新吗?本案例为学生提供了一个深入思考和分析创新理论的机会,使学生们对创新理论有更清楚的理解。

【关键词】 创新;维持性创新;颠覆性创新

0　引言

1989 年,如果有人花时间去思考电动车,那绝对是件奇怪的事情。而伊隆·马斯克(Elon Musk)恰恰就是这样一个怪人,他对电动车的喜爱已经到了痴迷的地步。他的理想是制造可以量产的低价环保型电动汽车,逐渐取代燃油汽车。为了实现这个梦想,马斯克和他的团队开始了创新之旅。

1　背景信息

谈到环保型汽车,人们眼中有几种常见的车辆要比传统燃油汽车更环保。例如混合动力车、插电式混合动力车和电动车,还有氢燃料电池汽车，也称作氢能汽车。这些汽车有一个共同点，就是都装有电动机。电动机分两种，一种是交流感应电动机，另一种是无电刷直流电动机。交流感应电动机正是特斯拉汽车使用的电动机。由于交流感应电动机是尼古拉·特斯拉（Nikola Tesla）发明的，因此就以他的名字命名了特斯拉汽车公司。

目前使用电动机的有以下几类汽车。

（1）混合动力车（也被称为"HEV"）。既有一个电动机，又有一个内燃机。你不需要插电给混合动力电动车充电，燃料就能给电池充电。混合动力车的电气元件代替了燃油汽车的某些部件，提高了汽油的行驶公里数，降低了汽车的二氧化碳排放，同时还节省了油钱。与普通燃油汽车相比，混合动力车在技术上前进了一大步。

但混合动力车仍然存在不足之处。因为混合动力车只是有助于降低二氧化碳排放量，但并未完全解决排放问题，仍然需要燃油才能行驶。

（2）插电式混合动力车（也叫"PHEV"）。这是个更好的选择。插电式混合动力车在家就可以充电。一般情况下，不使用燃油，光靠电池便能行驶16至64公里。这已足够人们日常代步了，也就是说几乎不需要使用燃油。

（3）氢能汽车。它是百分之百的电动车，但并不使用电池。实际上，它们同燃油汽车一样，也需要在加油站加燃料，只不过加的是压缩氢气，而不是汽油。氢气与空气中的氧气混合，产生电能，并传输给电动机驱动汽车。由于仅有的副产品就是纯净水，因此氢能汽车不会产生任何尾气排放。听起来很不错。

但是这种汽车在业内也有不少争议，人们看不出氢能汽车的前景会比电动车更美妙。

（4）纯电动车。电动车是靠车内的电池包来驱动的，无需任何燃料。从理论上来说，电动车意义非凡。

电动车车主每天可在晚上给汽车充电，就像给手机充电一样，根本不需要特意去加油站加油。汽油发动机远比电动机更为复杂，有200多个部件，而电动机的部件不到10个。由于燃油汽车更为复杂，因此它们比电动车需要更多保养。电动机的动力远比燃油发动机便宜。平均来说，每度电可保证电动车行驶4公里，而美国国内平均电费价格为每度电12美分。这就是说，电动车每行驶1公里的费用大约为3美分。但在现实生活中，几乎没有燃油车可以仅花上3美分便能行驶1公里的。一般情况下，一辆车一年的行程为20 000公里，在最好的情况下，汽车的油费也只是与电动车的电费相当；而在最差的情况下，燃油汽车一年的成本要比电动车高出3 000多美元。显而易见，在为汽车提供驱动力方面，电动机更便捷、更便宜，从长远来看，也更加明智。

然而，100多年前电动机首次亮相时，存在一些非常严重的缺陷，几乎没有人投入时间和资金试图解决那些问题。长期以来，人们对电动车的可行性存有几大顾虑：其一是电池问题。人们担心电池寿命太短，不足以支撑长距离行驶，还担心汽车行驶在半途电池没电，这样就有可能困在途中。其二是性能问题。这种电动车是否能像强大的汽油汽车那样在强大的发动机带动下快速启动和加速？其三是价格问题。自推出以来，电动车的价格一直比燃油汽车更高，这主要是由于电池成本较高造成的。这些顾虑始终存在，在将近一个世纪的时间里，极高的行业进入门槛使得电动汽车从未辉煌过，到底是因为存在一些无法解决的问题，还是因为救世主——那个电动车行业的亨利·福特尚未出现？

2　准备起跑

通常的情况是，汽车公司是不会在硅谷创业的，在硅谷创业的公司也不会去生产汽车。然而这次是个例外，偏偏有人就在硅谷开始构想电动车的未来。

2003年，一位名叫施特劳贝尔（JB Straubel）的加利福尼亚州工程师请求马斯克资助他手头进行的AC Propulsion公司的特斯拉电动汽车项目，并邀请马斯克亲自来看看。特斯拉速度很快，从静止到加速60公里每小时只需5秒的时间，对于电动车来说，这已经相当快了。另外，18650锂离子电池看起来虽只有5号电池那么大，但是把几千个这么大的电池装到一个大号电池盒里，就是目前世界上最好的汽车电池。在此之前，电动车的行程距离一直受到限制，仅有100或130公里左右。然而特斯拉充一次电，已能行驶400公里。有段时间，马斯克曾怀疑电动车是否代表了汽车行业的未来，现在他亲眼看到这种可能性后大吃一惊，他彻底相信了。他真的很想让世界看到特斯拉，因为他知道人们一定会为之兴奋，一定会掀起新的一波电动车浪潮。于是，马斯克与包括马丁·艾伯哈德（Martin Eberhard）在内的三位企业家一起，获得了AC Propulsion的技术许可，成立了一家新公司——特斯拉汽车公司。马斯克提供资金上的帮助并担任董事长，提名艾伯哈德出任首席执行官，他们的目标是向市场推出特斯拉。就这样，特斯拉开始迈出了它的第一步。

3　突破瓶颈

新公司成立了，很快他们遇到一个大难题。那就是新技术的早期研发成本会导致产品的价格过高。这也正是第一部手机和计算机价格非常昂贵的原因。如果想推出质量与2.5万美元燃油汽车相当却要卖10多万美元的电动车，那是行不通的。于是，团队成员制订了这样的商业计划。

第一阶段：向超级富豪推出高价、小批量汽车。推出第一款产品时价格很高，但能确保汽车的高档品位，使其物有所值，也就是说，生产出的汽车足以媲美法拉利，那么定价为10万美元也就没问题了。

第二阶段：向富裕的消费者推出中等价位、中等批量生产的汽车。借助第一阶段获得的利润，开发第二阶段的汽车。第二阶段的汽车依然比较贵，但其竞争对象更像是7.5万美元价位的奔驰或宝马，而不再是法拉利。

第三阶段：向普通大众推出低价、量产的汽车。通过第二阶段获得的利润，开发3.5万美元左右的汽车。政府向电动车购买者提供7 500美元的抵税优惠，加上燃油节省的钱，中产阶级完全可以负担得起。特斯拉的终极目标是"尽快在市场上推出大众市场接受的电动车，加速实现可持续交通"。

四年之后，他们推出了第一阶段的汽车Roadster。Roadster并未改变世界,但它向汽车行业传递了一个信息:特斯拉动真格了。首款产品虽然正式亮相了,但确实存在很多严重问题。每辆Roadster的成本比预计成本要高,而且早期质量也存在瑕疵。为此,马斯克和董事会免除了艾伯哈德首席执行官的职务,这也让艾伯哈德很难过。祸不单行,2008年的经济衰退,整个汽车行业都被笼罩在悲观的氛围中。在公司面临危机之时,马斯克接任了首席执行官的职务,进入了满血模式,他要全力救活公司。

幸运的是,特斯拉在关键时刻还获得了几笔关键投资并活了下来。渐渐地,特斯拉开始以新面貌屹立在人们的眼前。马斯克亲自担任首席执行官,知名汽车设计师弗朗茨·冯·霍兹豪森(Franz von Holzhausen)担任特斯拉的首席设计师,他决定将自己的职业生涯押注在名不见经传的特斯拉身上。当有人问他在多家著名汽车公司工作了很多年后,为什么会来特斯拉时,他做出了如下解释:"像通用汽车这样的公司,它们是财务驱动公司,总是在追求财务预期。但特斯拉完全不同,在特斯拉,只要产品做得好,就算取得成功。而正因为这点,公司也变得非常了不起。"马斯克早些时候也曾说过:"一旦公司的领导人开始认为数字本身具有价值的话,那公司就完蛋了。首席财务官成了首席执行官时,公司就完蛋了。一切都结束了。"

冯·霍兹豪森进入特斯拉的第一项任务就是设计中等价位、中等批量的第二阶段汽车Model S。Model S将是特斯拉的首款旗舰产品,也是特斯拉从零开始、重新定义汽车概念的绝佳机会。冯·霍兹豪森表示:"我们开始设计Model S时,它还是白纸一张。"

与史蒂夫·乔布斯在苹果公司的所作所为有诡异的相似之处是,马斯克完全沉迷于生产"酷毙了的产品",从不关心其他公司在做什么,总能从无到有,从白纸一张创造出新的东西。当苹果决定生产手机时,他们并不是想做出比黑莓更好的手机,而是旁若无人地聚焦于"手机应该是什么样子"。

当行业中的大公司变得松懈、缺乏创造性和不愿承担风险时,那些有创意的小公司则充满活力地跨进这个行业,带来全新的视角。他们面临着大量机会。

就像苹果手机一经推出就彻底颠覆了手机行业一样，当特斯拉 Model S 亮相后，《消费者报告》杂志将其奉为迄今为止最好的汽车，并给出前所未有的99分高分（满分为100分），而且特斯拉车主全都痴迷于这部汽车，特斯拉一下子就把行业的技术往前推进了15年。

马斯克和冯·霍兹豪森的团队把全部时间都花在完善汽车的设计上。他们不喜欢经销商模式，想把产品直销给客户，但美国许多州都不允许他们这么做，因此他们会逐一地去说服那些禁止直销模式的州，让它们慢慢地取消了直销汽车的禁令。

他们也不喜欢按钮式操作，而是一心想把所有控制环节都整合到17英寸的大型触摸屏上。但当时 iPad 还没有上市，市场上根本没有适合汽车使用的17英寸触摸屏。于是，他们自行生产了触摸屏。

借助诸如此类的技术革新，特斯拉得以成为出类拔萃的汽车。目前，特斯拉汽车已拥有全球最好的性能，而电池续航里程也取得了极大进展，每充一次电，可以跑上335至435公里，这已经很了不起了。但它仍有两个问题需要解决：长途旅行蓄电问题以及昂贵的价格问题。

在解决公路旅行蓄电问题上马斯克想出了一个办法：建立一个全球性的能源网络，推出超级充电桩和公共充电站。超级充电桩每充10分钟电，便能让 Model S 跑上96公里。而且，它们可完全免费使用，今后还可完全使用太阳能供电。很显然，特斯拉的长途蓄电问题已得到根本解决。那么如何解决高成本和高售价问题呢？

4 改变世界

严格来讲，特斯拉 Model S 的起步价是6.99万美元。但是，假如你想要续航里程更远的汽车和充电速度更快的电池，价格也会随之上涨。当然还有其他一些附加功能，这样一来 Model S 的价格很轻易便会达到10万美元。

在汽车行业有这样一个经验法则：汽车价格每下降5 000美元，能够买

案例1·正文 | 特斯拉的创新之旅——颠覆性创新还是维持性创新？

得起汽车的买家数量就会大约增加一倍。如果特斯拉能够推出比 Model S 便宜35 000美元的主流电动车的话，买家数量会翻7番，也就是之前的128倍，届时大多数人都能够买得起这款车。这就是第三阶段要做的事。如果特斯拉最终真能改变世界的话，毫无疑问，就看这第三阶段了。

2010年6月，特斯拉登陆纳斯达克，这次IPO获得2.26亿美元的资金。上市后，公司的价值急剧上升。7年前还处于濒临破产边缘的特斯拉，今天已成市值高达310亿美元的著名公司。过去的几十年里，汽车行业格局很久未发生变化，没有哪家名不见经传的汽车公司能有所突破。但是特斯拉的出现让全球汽车业为之震撼，人们看到了一个从零开始，并以光速发展的创新公司所带来的奇迹。

截至2015年，特斯拉 Model S 一直排名全球电动车销售榜首，尽管价格不菲。然而，特斯拉还有很大的发展空间。从2015年1月的全球数据来看，世界各地共有74万辆电动车行驶在道路上。这与全球8 000万辆燃油汽车的年销量和超过10亿辆的燃油汽车保有量相比，这个数字显然微不足道。电动车仅占汽车行业的千分之几，它的确有着巨大的发展空间。

特斯拉的成功是一个很好的案例。研究特斯拉并不是研究一种新型汽车，或者一家创业公司，而是研究改变是如何发生的以及为什么很多情况下改变没有发生。如果说社会的进步是条河流，那么技术、社会标准和思想就好比漂流在河流之上的木筏。随着时间的推移，河流会把人们带向更美好、更先进的未来。而之所以会有更先进的未来，是因为有少数勇敢的人想将未来带到我们的生活中。

新技术和颠覆性技术出现时，经常会遇到阻力。但守旧者知道，一旦颠覆者站稳脚跟并开始迅速传播创新思想时，整个游戏就会发生变化，一旦打破平衡，人们就不再会去尝试打压颠覆者，相反，每个人都会争先恐后地去效仿。

特斯拉此刻正在做的，正是一个近在眼前的例子，让我们看到了变化是如何发生的。

改变汽车行业的想法对于伊隆·马斯克而言只是灵机一动，但马斯克独自一人也做不了太多事。为了实现他的想法，他必须将头脑中的这些闪念放大，通过组建新公司的形式，让11 000名苦苦思索过电动车问题的特斯拉员工共同构成超级大脑。改变无迹可寻，只能走自己的路。特斯拉面临的挑战如此艰巨，部分原因也正在于此。

要想成为行业顶尖公司，就必须保守自己的革新秘密。但是，特斯拉并没有这样做，2014年，特斯拉公开了自己的全部专利，因为它的目标是改变整个行业。特斯拉通过解决电动汽车存在的许多问题，也为其他公司铺垫了一条通往电动车主宰世界的未来之路。

目前特斯拉正在着手准备于2017年在市场上推出Model 3，那是大众完全可以接受的电动车。如果这一使命能够完成的话，那么电动车取代燃油汽车的时间将会大大提前。这就意味着50年后，大气中的二氧化碳浓度、城市的雾霾水平以及全球的温度都会比原本可能达到的更低，而且可怜的北极熊又将有持续生存的希望。除此以外，还有其他12种势必会影响到我们生活的正面效果。完全符合改变世界的定义。

资料来源：

https://www.tesla.cn/node/29716.

■ 案例1·使用说明

特斯拉的创新之旅
——颠覆性创新还是维持性创新？

一、教学目的与用途

本案例是对颠覆性创新和维持性创新进行深度思考的教学案例。它记述了世界著名汽车公司特斯拉如何在绿色理念支撑下将想法变为现实的一段创新经历。特斯拉被誉为全球汽车领域最具创新力的公司，凭借执着的创新精神，特斯拉创始人伊隆·马斯克率特斯拉公司推动着整个汽车行业从传统的燃油型汽车向绿色的电动型汽车转移。也正是这个原因，很多人认为特斯拉引领了整个汽车行业的变革，是对汽车行业的颠覆式创新。颠覆式创新理论（Disruptive innovation）是美国哈佛商学院教授克莱顿·克里斯坦森1995年提出来的。该理论可谓享誉全球，在商界和管理学术界大受追捧。然而特斯拉的创新到底属于颠覆性创新还是一般意义上的维持性创新？这个答案需要对案例进行深入的分析和思考后才能得出。

本案例可用于创业管理、创新创业管理等课程，也可用于管理学、战略管理等课程。

通过此案例的展示，具体的教学目的如下：

（1）使学生了解一个创新型公司把最初想法变为现实的全过程。

（2）使学生认识和思考创新带来的价值。

（3）在对案例进行深入分析后，引导学生思考颠覆性创新与维持性创新的区别，并对特斯拉是否属于颠覆性创新做出回答。

二、启发思考题

1. 在案例中，特斯拉从零起点到快速成长为世界著名汽车公司，经历了哪几个关键阶段？

2. 在特斯拉把想法变为现实过程中有哪些可称为"创新"的想法或行为？

3. 创新为企业和社会带来哪些可能的变化？

4. 克莱顿·克里斯坦森提出的颠覆性创新理论的主要内容是什么？

5. 根据克莱顿·克里斯坦森提出的颠覆性创新理论，思考特斯拉的创新是否属于颠覆性创新，还是通常意义上所说的维持性创新？

6. 能否列举出世界上5个颠覆性创新的例子？

三、分析思路

本案例可用于创新创业相关课程以及某些管理类课程的教学，教师可以根据自己的教学目标，从不同的视角灵活使用本案例。这里提出的案例分析思路仅供参考。

1. 这是一个认识和思考创新问题的教学案例。在引导学生思考什么是"创新"的过程中，首先需要学生对案例有一个了解，能描述出马斯克是如何创建特斯拉并把想法变成现实的过程。

2. 根据所学知识，回忆一下什么是创新，熊彼特是如何定义创新的。

3. 思考一下：在案例的文本中，有哪些文字或段落描述了特斯拉的创新想法和行为？为什么说这些想法和行为包含了创新要素？创新的价值是什么？

4. 克莱顿·克里斯坦森提出的颠覆性创新理论的主要内容是什么？颠覆性创新与维持性创新的区别是什么？

5. 根据对特斯拉创新行为的分析，思考一下特斯拉是否属于颠覆性创新。

6. 在人类历史上有哪些典型的颠覆性创新实例？

四、理论依据及分析

1. 熊彼特的创新理论。

熊彼特（Joseph Alois Schumpeter）在《经济发展理论》（1912）一书中首先提出了创新理论，并用以解释经济发展的内涵。他认为，所谓"创新"，就是"建立一种新的生产函数"，就是把一种从来没有过的生产要素和生产条件的"新组合"引入生产体系。经济发展就是整个社会不断地实现这种"新组合"的过程。

根据熊彼特的经济发展理论，经济增长并不等同于经济发展。他认为，"仅仅是经济的增长，如人口和财富的增长所表明的，在这里也不能称作是发展过程。因为它没有产生在质上是新的现象，而只有同一种适应过程，我们把这种增长看作是数据的变化"。熊彼特理论中的经济发展不是简单的经济数据的变化，而是经济生活内部自行发生变化的结果，是对一种平衡状态的打破，是在改变和替代以前存在的均衡状态，是在不断地实现"新组合"。这种新组合包括五项内容：（1）引进新产品；（2）引进新技术；（3）开辟新市场；（4）掌握新的原材料供应来源；（5）实现新的组织形式。熊彼特的理论告诉我们，实现新的组合就是创新。创新是经济发展的根本现象。"创新是创造性的破坏"——这是熊彼特对"创新"的经典描述。他坚信，只有当经济吸收了变化的结果并改变其结构时，经济才能发展，这种变化破坏旧的均衡，创造新的均衡。发展就是在新旧均衡的转换中出现的。

在提出创新理论的同时，熊彼特也为我们指出了创新与发明之间的区别。根据熊彼特的观点，创新是一个经济学范畴的概念，创新应该带来收益。在发明未能转化为市场所需的新产品、新流程和新服务之前，发明只是一个新概念、新设计，不能创造任何经济价值。因此，发明不等同于创新，发明只是创新的必要条件之一。单纯的发明及其专利仅对发明者本身有意义，但对人类社会不产生任何实质性的价值。只有当发明被应用于社会，并带来经济收益和价值，对社会经济发展有着积极的影响作用时，发明才完成了向创新的转换。

2. 克莱顿·克里斯坦森的颠覆性创新理论。

1995年，哈佛商学院教授克莱顿·克里斯坦森在《哈佛商业评论》发表《颠覆性技术：逐浪之道》（Disruptive Technologies：Catching the Wave）一文时第一次提出了"颠覆性创新"理论。他认为公司在寻求新的增长业务时，往往有两种选择，一种是维持性创新，另一种是颠覆性创新。

维持性创新是通过向最好的顾客销售更好的产品，从而帮助企业获取高额利润的创新。其特点是不断以更高价格提供更好性能的产品，所有的努力和创新都围绕那些能产生最诱人边际利润的产品项目而展开，是以实现利润最大化为导向，关注的是最有利可图的现有的顾客以及已经被证明了的市场，是从市场领导者手中抢夺现有市场。维持性创新不仅包含微小的、渐进的工艺改进，而且包括在原有性能轨迹上的跳跃性改进。

而颠覆性创新是通过锁定低端消费者或全新消费者群，向他们提供更便宜、更方便的产品，从而逐渐蚕食现有传统市场或开辟新市场的创新行为。颠覆性创新将扎根于那些被大公司不屑一顾的现有产品的最差顾客群。其特征表现为：（1）非竞争性。即颠覆性创新并不是与现有主流市场的竞争者去争夺顾客，而是通过满足徘徊在现有主流产品消费群之外的低端消费人群的需求来达到创新企业的生存和发展。随着颠覆性技术的成熟，那些主流市场的顾客会逐渐被吸引进入新市场，而所谓的主流市场会渐渐没落为被淘汰的市场。（2）初期的低端性。颠覆性创新在其出现的初期阶段是以占据低端市场为主要特征的。正因为其低端性，才使得它不被现有主流市场的竞争者所重视。主流市场竞争者这种不屑一顾的心态，恰恰给了颠覆性创新者悄悄成熟壮大的机会。当颠覆性创新成为一种趋势时，谁也无力挽回曾经的主流市场的颓势，更阻挡不了新市场的发展。（3）简便性。颠覆性创新所表现出的简便性有两个明显的结果，其一是通过提供简单、方便、低廉的产品吸引了更多的消费者；其二是保证了创新技术或产品迅速扩散。因此，简便性是颠覆性创新得以开辟新市场的基础。（4）满足顾客需求。颠覆性创新所带来的新技术或新产品一定是能够

案例1·使用说明 | 特斯拉的创新之旅——颠覆性创新还是维持性创新？

满足顾客需要的，或者是创造出了顾客的需求，这是颠覆性创新的价值体现。如果没有这个特征，那么，颠覆性创新就没有存在的价值和意义。

五、关键要点

本案例的关键要点之一是思考特斯拉的哪些行为属于创新行为。将这些行为意义列举出来，并说明创新点在哪里。

本案例的关键要点之二是熟悉相关的创新理论。能够对照熊彼特关于创新的理论，进一步分析出所列举的这些行为为什么属于创新行为。

本案例的关键要点之三是能够区别颠覆性创新与维持性创新的区别。能够在分析克莱顿·克里斯坦森颠覆性创新理论的基础上逐一认识特斯拉的创新行为到底属于哪种类型的创新，并给出理由。

六、建议分析路线

1. 本案例主要面对的对象是本科学生。该案例主要想达到的目的是引导学生了解课堂上所学的创新概念，并在此基础上思考并掌握创新的不同类型，并对现实中的不同创新行为作出判断。

2. 组织学生以小组的形式对案例进行讨论。让学生们把案例中特斯拉的创新行为一一列举出来，写在便利贴上，并贴在黑板上。

3. 教师引导学生重温创新及颠覆性创新理论，并在理论指导下对特斯拉的创新行为逐一进行讨论，对照颠覆性创新理论，思考哪些行为属于维持性创新，哪些行为属于颠覆性创新。

4. 小组代表发言，表达不同的意见和看法。

5. 在充分讨论之后，教师对特斯拉是否属于颠覆性创新给出参考性的结论，并根据克莱顿·克里斯坦森的理论逐一说明理由。

6. 教师引导学生继续深入探讨颠覆性创新的含义，让学生列举出5个世界范围内颠覆性创新的例子，并说明理由。

7. 如果加深思考难度的话，教师引导学生进一步思考颠覆性创新产生的原因、环境、条件，看看是否能找出一般的规律。

七、建议课堂计划

本案例可穿插于创业管理、创新管理、管理学等课程的教学过程中。在进行案例讨论之前需要完成创新相关理论的学习，然后以此案例为切入点，展开课堂上关于创新话题的后续讨论。以下课堂计划仅供参考。

案例讨论的时间控制在 90 分钟以内。

课前计划：将案例发给学生，提前阅读，对案例内容有初步了解。

课中计划：教师简单介绍案例课的目的并布置课堂任务（3 分钟）；

学生根据教师的要求分小组进行案例分析（30 分钟）；

小组代表发言（每组 5 分钟，控制在 30 分钟左右）；

组织全班进行讨论（15 分钟）；

教师对案例进行总结，得出结论，给出理由（10 分钟）；

教师向学生提出进一步的思考题（2 分钟）。

课后计划：各小组在网上查找一个颠覆性创新的案例，并按照百优案例库的结构要求，提交一份文本作业。

■ 案例 2·正文

"地瓜社区"：地下室里有乾坤

【摘 要】创业机会主要是指具有较强吸引力、较为持久、有利于创业的商业机会，创业者据此可以为客户提供有价值的产品或服务，并同时使创业者自身获益。创业机会是未明确市场需求或未充分使用的资源或能力，它不同于有利可图的商业机会。其特点是发现甚至创造新的目的手段关系来实现创业租金，对于产品、服务、原材料或组织方式有极大的革新和效率的提高。大多数创业者都是把握了商业机会从而成功创业。一旦创业成功，不仅会改变人们的生活和休闲方式，甚至能创造出新的产业。本文就是一个通过对创业机会价值潜力的探索，逐渐衍生出一系列的商业机会，从而滋生出更多的创业活动，例如互联网创业的生动例子。

【关键词】创意与设计；社区；创业机会识别与开发

0 引言

他在北京地下建了一座城，要解救100万名"蚁族"。非但没被举报，还被居民夹道欢迎，拿下国际顶级设计大奖。

要不你把它刷成房子形怎么样？下面是梦想，上面没刷过的代表现实。

在北京，有这样一个神奇的地方。顺着橙色的大箭头走进去，你会在一排美术馆格调的小房间里，找到私人电影院、健身房、理发店，以及独立书店和咖啡店……

你可能觉得也没有什么特别的，但要告诉你的是，这里是北京亚运村安苑北里19号楼的地下室，它曾经的样子糟糕到可以用"暗无天日""触目惊心"这样的词来形容。而他，就是那个让地下室改头换面的人——周子书。

1 背景

为什么要在地下室造房子？这要归根到10年前。

周子书从中央美术学院毕业，怀着做一个非常棒的设计师的梦想到了中国美术馆工作，但梦想和现实总是存在差距，为了不过一眼就望尽余生的安稳生活，他辞掉了人人艳羡的公务员工作，想着"要做一些改变社会的事"，远赴英国中央圣马丁艺术设计学院留学。

在留学期间，他一直试图在想自己未来究竟要做什么。

直到有一天，他在BBC上偶然看到一条关于曼彻斯特地下室遗迹的新闻，"地下室"这个空间概念走入了它的脑海。

2 地下室的改造试验

周子书一下联想到了北京："北京不是很多人也住地下室么，要不我在地下室造个图书馆？这样或许能为居住在地下的北漂一族提供学习和就业的机会。"

回国一看，发现已经有人做了。

"可为啥一天过去了，一个借书的人都没有？"他在朝阳电子图书馆前呆站了一天，发现没什么人借书，后来就想："既然回来了，那就去真实地体验一下地下室的生活是什么样吧！"

转身他就在三环内租了两间不到10平方米的房。一走进去，发现走廊道路坑坑洼洼，布满水坑，空气中还有挥之不去的潮气和从厕所里传出来的味道。

走到里边瞧一瞧，斑驳的墙壁，无处不在的电线和绳子。仔细一看，电视机上方的电线里，竟然还夹着一把菜刀！据说是房东为防止坏人入侵，留给房客挥刀自卫的工具……

在这里居住的北漂，无一不是被高昂租金压着，忙碌一天却不得不回到这个永远不想称它为"家"的地方，但这个地方，哪里会是家。

作为一个设计师，周子书想帮帮这些人，生活在地上和地下的人，本不应该有什么区别，而这一道天花板，就把他们像白天和黑夜一样彻底分隔开了。

为了解住在地下室的人真实的内心想法，不善言辞的周子书开始当起了扫地工。借着扫地，他和四邻打成了一片，大家经常聚在一起喝酒、吃火锅，趁着一次吃烤肉的间隙，周子书就聊到自己的打算：你们说我把房间改造一下，作为大家平时聊天、吃吃烤肉的地方怎么样？要不我把这房间刷白了吧？

"别，千万别，我们住地下室就是为了挣钱然后回家盖个房子，要不你把它刷成房子形怎么样？下面是梦想，上面没刷过代表现实。"于是，后来周子书的一间房被刷成了"梦想和现实"的版本。

一句话让周子书感触颇深，"这哥们儿就是一平面设计师的料哇！"

而对于居住的环境，这些邻居的真实想法是："谁也不愿意一直住在这里，既然都是要搬的，舒适不舒适又有什么所谓？"

"一直以为他们想要改造空间，住在舒服的房子里，原来并不是。"周子书想。

通过聊天，周子书发现他们最想要的是三样东西：稳定的工作来赚钱、扩大自己的社交圈子、拓展职业的可能性。

特别是最后一个拓展职业的"可能性"，就拿20岁出头的足疗师小赵来说吧，他一直很想当个软件开发员，却一直被困在足疗师的小圈子里。

而干过几年锅炉工的小卢呢，为当平面设计师，还花9 000多块钱报了PS培训班，花光了银行卡里的钱，技术也学到了，却苦于没有人介绍工作，只好重新干回了老本行。

"既然大家都想学东西，要不咱们来个技能交换？"周子书突然蹦出这样一个念头。

然后他找来一根晾衣竿，一堆晾衣绳，中间挂着几百根彩色晾衣绳，就像是把人和人隔开的那个"无形的墙"。

把另一间房子刷白之后，他在两边墙上手绘了中国地图，那些愿意参与技能交换的人，在一边的地图上找到家乡的位置，拉起一根晾衣绳固定。在上面贴上一张小纸条：

我是×××，我能×××，我想×××。

理发师阿全有一颗文青心，想要学摄影和美术，足疗师小赵想当软件开发师，锅炉工小卢想当平面设计师……

就这样，一个个梦想拴在晾衣绳上，当两边的绳子同时拉起，原本的"墙"就变成了"屋顶"。象征着人与人的区别和隔阂土崩瓦解了，个人梦想随之实现。为何用"屋顶"这个意象，因为对于很多地下居民来说房子是安全感的标志，他们辛苦打拼，就想挣钱回家造个房子。

就这样，这小小的一间改造房，吸引了很多人慕名来打卡。

3 转机

周子书不禁想，如果改造的是一整个地下室会怎样？但是没钱，没有可供才华施展的空间，如何能撑起这位造梦设计师如此大的"野心"呢？

2014年4月做完这个实验，周子书就带着这个毕业设计作品去了英国，没想到当他时隔半年之后回国，他的设计想法已经在国内朋友圈传开了，接下来的事情就让周子书应接不暇了……

突然一天投资人找上门要支持这个项目，政府也找上门说，亚运村安苑北里其中一个500平方米的地下室给他使用。

很多人听说他的项目，也专门回国加入他的团队，这其中有建筑师郭曦、人类学家徐乙漾、斯坦福商科本科和剑桥经济学硕士李世峰……

天时地利人和，于是，就有了后来的"地瓜社区"。

4 "地瓜"的由来

"地瓜"这个名字，源于十几年前周子书第一次来北京上学，那是一个很冷的冬日，好朋友来火车站接他，见了面什么也没说，先掰开手里的地瓜，递给他一半，就这一半地瓜，让初入陌生城市的周子书内心的迷茫和孤独一下子被驱散了。

在取名时，他就联想到"地瓜"的分享概念，于是将它作为未来地下室空间的名称。

到英国读第二个硕士期间，周子书选修了社会学。那时候他知道了一个新概念，即德勒兹块茎系统，这个概念给了周子书很大的启发。"如果未来北京1.7万套地下室全部通过互联网连接在一起，应该是个什么样的场景？"正因为有了这样的设想，才有了今天的地瓜社区。

5 地下的"异托邦"

经过前期的改造，地瓜社区正式启动了。如果你来到地瓜社区，绝对会被这里的设计所吸引。地瓜社区的通风管道是找雕塑家重新设计的，并利用3D打印制作完成，所有的结点都可以当作花盆，也可以当作笔筒。时租房的设计也别具匠心，因为地下室属于人防工程，一旦发生灾难或者战争，人们需要躲进去避难。所以，房间里的桌子和床都可以折叠，使整个房间成为一个灵活的容器。

为了丰富居民的生活，为了给居民提供就业和技能交换的机会，周子书及其团队找到了很多有意思的合作方，比如壹季健身，以前地下室的年轻人没地方健身，通过与壹季健身合作，来地瓜社区就可以享受到完全免费的TRX（悬挂健身系统）。那壹季健身怎么挣钱呢？他们靠私教课程赢利。地瓜社区不仅为居民提供服务，还让他们产生互助连接。这是一种社区文化互助的新诠释。

"我们希望用商业的方式反哺公益，并形成一个可循环的系统。"基于这样美好的设想，周子书让地瓜社区成为一个不只是8小时工作制的社区，他想为社区居民解决职住一体的问题——生活在社区，工作在社区，娱乐在社区。

在满足北漂们的基本诉求之后，周子书还想到了一个问题。如何用更低廉的方式来改变人们的生活空间呢？周子书发现，98%的地下室北漂们都喜欢用杂志贴自己的门、床、墙或者书桌。于是他们在一百多个地下室进行了调研，通常他们床边贴什么，门上贴什么，墙上贴什么，然后进行整理，将其变成一本新的杂志，叫作《地瓜墙纸》。"我们通过调查发现，门不是简单的门，而是通向未来世界的门。"于是，周子书找来了漫画家创作了"地瓜小宇宙"的任意门，把它贴到门上最合适不过。之前，明星的照片是被动贴到墙上，但有了《地瓜墙纸》，赵薇主动把自己的照片放到杂志里，成了一种主动的介入。《地瓜墙纸》可以让北漂们迅速改变自己的房间，并且可以3个月改一次。

未来，当北京1.7万套地下室全部通过互联网连在一起的时候，有相同兴趣爱好的人也将连接在一起，组成有共同归属感、认知感的新型社区。

空间色调整体以暖色为主，走进去丝毫不感觉压抑，还有无处不在的温暖灯光。

不过，要说最有特色的，还是每个房间的设置。这些15~25平方米的小房间，却有无限种空间可能。

想体验光影魅力，来场电影？来私人电影院就对了。

想健美健康一点？来健身房吧，专业私教教你如何练出翘臀马甲线，如何对付颈椎肩周病。

想安静一点？7-2 BookCave地下书店是个不错的选择。你可以在这里看书或者买书，或没事找个黑黑的地下书洞躲起来，听歌喝茶，没人找得到你。

头发长了？这个只提供剪发的理发店，将京城独具匠心的理发师带到你身边。

肚子饿了？来共享客厅来吃一顿大厨做的美食。

想夜里开个小会？也行！专门的房间给你用，提前预约一下就成。

熊孩子太闹，让他们自个儿玩儿去吧。共享玩具屋，让小朋友玩的时候学会分享。

创新部落是给爱学习的小孩子准备的，你可以到这里上一堂 3D 打印课。

至于创想教室，经常办小孩儿生日聚会。这里可以找到和自己同年同月同日生的有缘人。

全职妈妈有技能没处使？这里有两个全职妈妈组建的"妈妈帮"，开设了共享教室，专门为孩子讲美术和英语。你也可以去试一下。

"地瓜社区"一开张，这里就热闹了。因为房间的租金便宜，而且方便，就在小区的地下室里，不到 5 分钟就能走到。老年人喜欢结伴来这里唱京剧。

许多年轻人，或是在这里发现了另外一个自己，或是结交到了志同道合的好朋友。

而小孩子则是喜欢拉着爸爸妈妈来这里，度过愉快的周末时光。

无论是什么年龄层次，从事什么职业的人，都在这里找到了归属感。

这是周子书没有料到的，回头想想，这受到人们青睐的地瓜社区，最初只不过是因为一条新闻、一本书而发起的项目。

想起当初调研时穿过长长的甬道，成日里在昏暗幽深的廊道里穿梭的时光，还有初来乍到，人们的不理解、质疑、冷漠、不配合，以及那些曾经想让人沮丧得想放弃的过往，周子书深深感慨不易与收获。

6　光荣与梦想

周子书感慨不已，这四年的坚持和努力终究是没有白费。而且凭着这个项目，他和团队拿下了 2016 年 DFA 亚洲最具影响力设计奖，那年得此奖的只有两个中国设计，一个是孤独的图书馆，另一个就是地瓜社区。

曾经，也有人对周子书说："你改变不了什么的，这只是个毕业设计而已。"

于他而言，最好的设计就是让邻居来分享彼此的快乐，他觉得这是可能的，如今他果真做到了。

但周子书未来的梦想，是希望通过他的设计，让千千万万地下室连接到一起，让居住者成为一个有归属感、有共同认知的社群。这样，或许能撕下地下室居住者身上被强行贴上的"蚁族"标签。

虽然这个很难，但是他会一点点尽自己所能，不停地做下去……

"很多时候我自己也不知道未来会发生什么，但我还是要一头扎进去，做着做着可能曙光就来了。"周子书说。

用创始人周子书的话说，地瓜社区就像是一个巨大的手机，每一个房间就是一个APP。每个居民既拥有这些APP，又可以利用这些APP创造价值。

资料来源：

1. 有束光ID：onelight01，myzaker，2017.2.2.
2. 《中关村》，2016.10.13.

■ 案例2·使用说明

"地瓜社区"：地下室里有乾坤

一、教学目的与用途

创业活动，始于对创业机会的识别与开发。创业机会识别与开发是创业成功的最重要环节之一，也是近年来创业研究领域的关键问题之一。本案例主要基于尚恩（Shane）、维卡塔拉曼（Venkataraman）、蒂蒙斯（Timmons）、张玉利、刘常勇等研究学者的观点，从创业机会识别与开发的角度，对地瓜社区案例进行研究。地瓜社区地处北京奥体东门安苑北里小区19号楼的地下室，这里被一个从英国圣马丁留学归来的年轻人周子书进行了大胆的设计改造，发生了翻天覆地的变化。周子书在经历了几次商业想法的开发后，终于发现了"地瓜"这个商业机会并建立起可行的赢利模式。本案例通过对地瓜社区创业机会开发过程描述，试图讨论创业机会的来源，创意与创业机会的区别，创业机会与外部因素和创业者个人特征的关系，以及如何评价和筛选创业机会等，进而给创业者一些启发。

本案例可用于创业管理、管理学等课程。

通过此案例的展示，具体的教学目的如下：

（1）掌握机会识别和判断的基本方法；

（2）把握判断适合个体创业者的机会特性；

（3）了解创业机会评价的目的和方法；

（4）了解提升机会识别能力的途径；

（5）学习创意产生的主要技术。

二、启发思考题

1. 如何发现创业商机？

2. 什么是创业？创业有哪些形式？

3. 创业的途径有哪些？

4. 创业机会的四个基本来源是什么？

5. 将一个包括产品定位、目标市场、特色和团队的简要描述给家人和朋友以外的10个人看，请他们回答以下问题：

（1）对于陈述中描述的产品或创意，列出你喜欢它的三个方面；

（2）提出三项改进创意的建议；

（3）你觉得创意是否具有可行性；

（4）提供你认为有益的其他建议或评论。

三、分析思路

教师可以根据自己的教学目标来灵活使用本案例。这里提出本案例的分析思路，仅供参考。

1. 创业机会是什么？

创业机会是可以为购买者或使用者创造或增加价值的产品或服务，它具有吸引力、持久性和适时性；

创业机会是可以引入新产品、新服务、新原材料和新组织方式，并能产生以高于成本价出售的情况；

创业机会是一种新的"目的—手段（Means-End）"关系，它能为经济活动引入新产品、新服务、新原材料、新市场或新组织方式；

创业机会主要是指具有较强吸引力、较为持久、有利于创业的商业机会，创业者据此可以为客户提供有价值的产品或服务，并同时使创业者自身获益。

2. 环境的变化，会给各行各业带来良机，人们通过这些变化，就会发现新的前景。谈谈身边发生的变化带来了哪些创业机会。

变化可以包括：

（1）产业结构的变化；

（2）科技进步；

（3）通信革新；

（4）政府放松管制；

（5）经济信息化、服务化；

（6）价值观与生活形态化；

（7）人口结构变化。

以人口因素变化为例，例如可以举出以下一些机会：

（1）为老年人提供健康保障用品；

（2）为独生子女服务的业务项目；

（3）为年轻女性和上班女性提供的用品；

（4）为家庭提供文化娱乐用品等。

3. 结合案例，试着描述创业种子机会（产品/服务），包括种子名称、关键词、产品/服务特征、创新功能等。

四、理论依据及分析

（一）创业机会识别的内容

机会识别是指创业者识别机会的过程。研究者们关于机会识别的理解分为两种。持客观观点的学者认为，机会是客观存在于外部环境之中的，需要创业者去发现。另一些则认为机会识别事实上是主观的，是创造过程而非发现过程，甚至机会识别本身就是创造性的。随着探索的不断深入，研究者们逐渐意识到以上两种观点并不矛盾，而是互相补充的。研究提出创业者在信息加工过程中会同时使用算法和探索两种方式，因而创业机会既可以被发现同时也可以被创造。甚至有研究认为机会识别中主客观因素的作用是同等重要的。

(二) 创业机会的分类

1. 根据创业机会的来源。

(1) 问题型机会指的是由现实中存在的未被解决的问题所产生的一类机会。

(2) 趋势性机会就是在变化中看到未来的发展方向，预测到将来的潜力和机会。

(3) 组合型机会就是将现有的两项以上的技术、产品、服务等因素组合起来，以实现新的用途和价值而获得的创业机会。

2. 根据目的—手段关系的明确程度。

(1) 识别型机会是指市场中的目的—手段关系十分明显时，创业者可通过目的—手段关系的连接来辨识机会。

(2) 发现型机会则指当目的或手段任意一方的状况未知，等待创业者去进行机会发掘。

(3) 创造型机会指的是目的和手段皆不明朗，因此创业者要比他人更具先见之明才能创造出有价值的市场机会。

(三) 创业机会识别过程模型

希尔斯（Hills）、施雷德（Shrader）和伦普金（Lumpkin）提出以创造力为基础（creativity-based）的多维度机会识别过程模型，该模型将机会识别分为以下五个阶段：

(1) 准备阶段（preparation），指知识和技能的准备，这些知识和技能可能来自创业者的个人背景、工作或学习经历、爱好以及社会网络；

(2) 沉思阶段（incubation），指创业者的创新构思活动，这一过程并非有意识地解决问题或系统分析，而是对各种可能和选择的无意识考虑；

(3) 洞察阶段（insight），指创意从潜意识中迸发出来，或经他人提点，被创业者所意识，这类似于问题解决的领悟阶段，可以用"豁然开朗"来形容；

(4) 评估阶段（evaluation），即有意识地对创意的价值和可行性进行评定和判断，评估的方式包括初步的市场调查、与他人进行交流以及对商业前景的考察；

（5）经营阶段（elaboration），是指对创意进一步细化和精确，使创意得以实现。

汉森（Hansen）、伦普金和希尔斯重新验证了这一模型，发现这个五维模型是机会识别最好的拟合模型，并且其中的沉思阶段和经营阶段与创造力显著相关。

五、关键要点

1. 创业机会识别是创业领域的关键问题之一。从创业过程角度来说，它是创业的起点。创业过程就是围绕着机会进行识别、开发、利用的过程。识别正确的创业机会是创业者应当具备的重要技能。

2. 创业机会以不同形式出现。虽然以前的研究中，焦点多集中在产品的市场机会上，但是在生产要素市场上也存在机会，如新的原材料的发现等。许多好的商业机会并不是突然出现的，而是对于"一个有准备的头脑"的一种"回报"。在机会识别阶段，创业者需要弄清楚机会在哪里和怎样去寻找。

3. 对创业者来说，在现有的市场中发现创业机会，是很自然和较经济的选择。一方面，它与我们的生活息息相关，能真实地感觉到市场机会的存在；另一方面，由于总有尚未全部满足的需求，在现有市场中创业，能减少机会的搜寻成本，降低创业风险，有利于成功创业。现有的创业机会存在于：不完全竞争下的市场空隙、规模经济下的市场空间、企业集群下的市场空缺等。

4. 不完全竞争理论或不完全市场理论认为，企业之间或者产业内部的不完全竞争状态，导致市场存在各种现实需求，大企业不可能完全满足市场需求，必然使中小企业具有市场生存空间。中小企业与大企业互补，满足市场上不同的需求。大中小企业在竞争中生存，市场对产品差异化的需求是大中小企业并存的理由，细分市场以及系列化生产使得小企业的存在更有价值。

5. 潜在的创业机会来自新科技应用和人们需求的多样化等。成功的创业者能敏锐地感知社会大众的需求变化，并能够从中捕捉市场机会。

6. 有相同期望值的创业机会，并非所有潜在创业者都能把握。成功的机会识别是创业愿望、创业能力和创业环境等多因素综合作用的结果。

7. 尽管发现了创业机会，但这并不意味着要创业，更不意味着成功就在眼前。创业活动是创业者与创业机会的结合，并非所有的创业机会都有足够大的价值潜力来填补，并非所有机会都适合每个人。

8. 尽管在整个创业过程中，评价创业机会非常短暂，但它非常重要，是创业者发现创业机会之后做出是否创业决策的重要依据。

9. 对创业者来说，关键在于如何能够从众多机会中找寻出有价值的创业机会，并采取快速行动来把握机会。

六、建议分析路线

1. 本案例面对工商管理专业的学生，可以首先让学生阅读案例，围绕案例搜集相关资料。

2. 组织学生分组讨论，对问题进行分析。

3. 伴随讨论的不断深入，根据学生对问题的分析程度，再增加一些相关的假设条件，从而提高对问题分析的复杂程度和对案例讨论的灵活性。也可以引导学生考虑，在不同的假设条件下还有哪些方式、方法、措施、手段可以选择。

4. 如果时间充足的话，可以让学生结合以前学习过的相关内容，扩展思路，对创业者中成功和失败企业的经验教训进行分析，进一步加深对创业商机的识别与开发的认识。

5. 最后，在各组讨论的基础上，老师提出供学生参考的观点，并进一步提出具深入思考性的问题，为后续课程的讲授做好铺垫。

七、建议课堂计划

本案例可以作为专门的案例讨论课来进行。如下是按照时间进度提供的课堂计划建议，仅供参考。

整个案例课的课堂时间控制在 80~90 分钟。

课前计划： 提出启发思考题，请学员在课前完成阅读和初步思考。

课中计划： 简要的课堂前言，明确主题（2~5 分钟）；

分组讨论，告知发言要求（30 分钟）；

小组发言（每组 5 分钟，控制在 30 分钟）；

引导全班进一步讨论，并进行归纳总结（15~20 分钟）。

课后计划： 如有必要，请学员采用报告形式给出更加具体的解决方案，包括具体的职责分工，为后续章节内容做好铺垫。

■ 案例3·正文

Airbnb 从 0 到 1 的华丽转身

【摘　要】 三个有着坚定信念的年轻人，带着生存的压力和创业的热情，把一个最初投资人并不看好的"空气床+早餐"的概念打造成全球最大的酒店王国，创造了与传统酒店业完全不同的商业模式，演绎了一段互联网共享经济时代最具神奇色彩的创业故事。

【关键词】 共享经济；机会；团队；资源

0　引言

什么是年轻？年轻就是在激情怂恿下来一次说走就走的创业之旅。美国罗德岛设计学院毕业生布莱恩（Brian Chesky）在室友乔（Joe Gebbia）的劝说下揣着1 000美元和乔一起来到了旧金山，两人打算在旧金山打拼一番，开创自己的事业。那一年是2007年。

1　背景信息

刚到旧金山的第一天，布莱恩就发现，在这样一个偌大的城市想找一个安心落脚的地方并不是件容易的事情。对于身上只有1 000美元的他来说，显然付不起1 200美元的房租。想着即将到期的租约，身无分文的年轻人不知所措。怎么办？理想和现实的冲突随处可见，还是要先解决生存问题，然后再谈创业吧。有趣的是，很多创业灵感都是在解决生存问题过程中悄然诞生的。要解决房租问题，就必须找到挣房租的方法。

机会总是在不经意间出现。当布莱恩为房租一筹莫展时，一个貌似机会的机会正悄悄向他走来。国际设计大会即将在旧金山召开，由于参会人数众多，导致附近的宾馆酒店早已被预订一空。于是两人开始有了想法：世界各地的设计师都要来旧金山参会，他们肯定需要找住的地方，如果能专门为大会参会人员提供"床位+早餐"的服务，那房租问题就有可能解决了。于是乔把自己的想法通过邮件发给了布莱恩：

"布莱恩，我想到了一个赚钱的方法——将我们的住所打造成一个'床位+早餐'的地方。也就是说我们为参加4天全球设计大会的设计师们解决饮食和住宿问题，为他们提供无线网络、小型办公空间、睡床和早餐，如何？"

这个想法听上去还蛮不错的，但问题是他们没有任何床，只有3个充气床垫。于是，带着试一试的想法他们想出了"充气床+早餐"（Air bed and breakfast）的概念，并建立了自己的第一个网站airbedandbreakfast.com。这就是后来Airbnb名称诞生的缘由。

在国际设计大会期间，布莱恩和乔在自己租住的家里为三位房客提供了"充气床+早餐"的服务，赚到第一个1 000美元。虽然只有三位顾客，但这让他们感受到这种赚钱方法的乐趣。尤其是让他们意识到，以前建立一段友情通常要花几年的时间，而通过让其他陌生人住到你家和你一起吃住的方式，只需几天时间就能建立起一段深厚的友情。后来，这三位房客中有一位成为布莱恩和乔的好朋友，另外一位房客因为那次旅程改变了他一生的职业发展方向。而对布莱恩和乔来说，这也是一段不凡的经历，一段与传统的旅游、酒店、服务赚钱模式完全不一样的经历。这段经历开启了两个年轻人的想象力，虽然还不知道这种"充气床+早餐"的项目能走多远，但是尝试创业的想法变得越来越清晰：就像人们可以预定全世界任意一家宾馆的房间一样，任何一位来到陌生地方的旅者也可以预定当地某户人家闲置的房间。于是将民居变成风格迥异旅店的商业模式就这样诞生了。2008年2月，乔邀请了他的好朋友内森·布莱卡斯亚克（Nathan Blecharczyk）加入了这个充满未知的项目，三个年轻的联合创始人就这样开启了一段连他们自己都想象不到结果的创业旅程。

2 创业初期的苦涩

创业初期，虽然脑子里有一些模糊的想法，但是创业者常常无法判断这种想法成功的概率。忙于多种尝试，摸着石头过河，这种状态是对初创者最好的描述。Airbnb 三人组也不例外。他们最初并不认为"空气床+早餐"项目能够做大，而是仅仅用这种方式来应付房租问题。实际上，很多创业想法往往来自解决自己的小问题，而不是改变人生的那种大问题，但是，最后的创业结果可能真的改变了人生。布莱恩他们一开始并没把注意力放到 Airbnb 项目上，而是开发了一款不同的产品：室友搜索网站。他们在这个产品上花了 4 个月时间后才猛然发现，已经有人推出了 room-mates.com 这个网站和服务。这对他们来说的确是个打击，白白在这个项目上浪费了这么多的时间。没办法，现在一切又回到原点。

三个创始人又重新回到 Airbnb 项目的网站建设上。然而，网站上线后效果并不理想。根本没有什么人知道这个网站和项目。为了让更多的人知道 Airbnb，他们联系了多家媒体进行第二次信息发布。第一次发布信息只为他们招来参加国际设计大会的 3 位租客。这第二次信息发布运气更不好，没能引来任何关注和客户。第三次，他们又在 2008 年 SXSW（South by South west，在美国德克萨斯州州府奥斯汀举办的音乐节）大会期间发布了宣传信息。但令人沮丧的是，尽管他们事前做足了准备，但最后只有 2 个顾客光临，真是太让人尴尬了。

虽然看不到持续的业绩改善，但既然产品上线了就要咬牙做下去。几个创始人延续最初的思路，借助总统就任、音乐节、世界杯、奥运会等机会，聚焦一些举办大型活动和会议的城市进行宣传。他们意识到，应该让尽可能多的媒体对 Airbnb 进行报道，这既能获得房东用户，也能吸引有不同需要的租客。后来他们发现，几乎每一个地方都会有短租需求，有一些是刚搬来这些地方的迁居者，有一些是旅行者。这让 Airbnb 团队看到了希望。他们开始着重开拓这些人群，更希望能借助一场大型活动来做一次大范围的媒体曝光。

2008年秋天，这个机会来了。布莱恩团队得知要在美国丹佛举办美国民主党大会（DNC：Democratic National Committee），届时将有8万人参加，而丹佛这个地方只有27 000个房间可以预定。这个巨大的房源空缺对Airbnb来说无疑是个天大的机会。于是，他们立刻联系了有线电视新闻网（CNN）和纽约时报，告诉这些媒体Airbnb是什么，希望得到媒体的广泛宣传。结果，他们得到的回复是："绝对不可能，没人愿意睡在别人家的床上。"除了这些大牛媒体外，当地的小型新闻报纸媒体也对Airbnb的宣传丝毫不感兴趣，这让Airbnb团队绝望透顶。情急之下，他们转换了思路，联系了一些当地的博主对Airbnb进行介绍。这样一来，当人们在Google上搜索DNC的时候，就能看到关于Airbnb的报道和故事，慢慢地，当地的报纸媒体也开始转载那些小博客的报道，后来还引来全国性的媒体转载和报道。

通过这种方式，在DNC期间，有80个客户使用了Airbnb的房间预订服务，这是个了不起的数字，也算是创业以来小小的突破。然而，DNC大会之后，Airbnb又没有客户预定了，没办法，公司还是要挣扎着运营下去，为了维持日常运转，Airbnb团队到处借钱，弄得债务缠身，处境十分艰难。他们想融资，但没有投资人愿意买账。虽然做了三次产品发布，也有了全国性媒体的报道，但Airbnb项目是否能支撑公司继续运营下去依然是个未知数，整个团队和公司在创业的最低谷徘徊。

为了尽快摆脱债务缠身几近绝望的处境，Airbnb团队又想到了另一个赚钱的主意，虽然不一定是好点子，但在公司危机重重时刻也不失为权宜之计。他们琢磨着既然"充气床+早餐"的业务做不起来，那么或许可以试试卖早餐业务。于是借奥巴马与麦凯恩竞选总统之际，他们开始策划以美国总统为主题的麦片销售活动，并成功说服了一家麦片生产商一起合作。

这个项目也只是为救急而策划的短期项目，筹集公司运营经费是唯一的目的。他们手工装好1 000盒麦片，以每盒40美元的价格销售。就这样他们最终卖出3万美元的麦片，并靠这些钱支撑公司继续运营下去。后来这个经历被很多人传为佳话，布莱恩创业团队也被人们称为"麦片企业家"。

2008年夏天，这三个年轻宅男完成了Airbnb网站最后版本的开发，它能让租户点击3次就完成房间的预定和付费环节。这还是从开发了iPod的乔布斯那里得到的灵感：只需三步就能下载一首歌曲。Airbnb最初的网站有一个主页、搜索版块、评论版块和支付系统构成，这里的大部分版块在今天的Airbnb网站上依然存在。值得一提的是Airbnb的支付系统。布莱恩团队希望用户能直接在Airbnb平台上完成预定和支付流程，而不需要再借助第三方支付工具。比如eBay和Etsy，他们虽然起步较早，但这两个网站都需要借助第三方的Paypal进行支付。所以，尝试自己做支付系统是一个非常疯狂的想法，不过让用户在Airbnb网站上向房东直接支付，这样可以慢慢建立起与每个用户密切相关的信用系统。尽管整个过程费尽周折，但是最终这个系统还是建了起来。

3 砥砺前行

在完成了网站最终版本的产品开发后，Airbnb成员被引荐给了15位天使投资人。当时他们想以150万美元的估值融资15万美元。但是，在这15个投资人里，7个投资人压根就没有任何回复。8个虽然回复了，但有4个投资人说这不是他们关注的投资领域，不愿意投。有1个投资人说他不看好这个市场，还有3个投资人直接回绝，连理由都没给。创业之难就在这里，当你名不见经传但又渴望资金支持时，没有人理你。创业者需要顶住巨大的资金压力挣扎前行，默默等待守得云开见月明的那一天。

Airbnb正式上线于2008年8月。然而就在网站上线一个月后，一场金融风暴几乎埋葬了整个华尔街和美国经济。经济危机的确在融资方面给Airbnb带来了巨大影响。他们几乎融不到任何钱，因为大部分投资者都被那场金融风暴吓坏了。在困境中，他们只有两个选择：要么筹集到资金，要么尽快赢利。Airbnb团队在经历了多重磨难后深知现金流和盈利模式的重要性，这对后来吸引投资人起到很大作用。

当上帝关了这扇门，一定会为你打开另一扇窗。处于窘境的三个年轻人也算是幸运，在全球金融危机时刻，他们亲身体验了这句话的神奇含义。金融危机给美国乃至全球经济都带来巨大的冲击，但是令人惊讶的是，Airbnb 并没有像大多数小微企业那样在危机中倒闭，反而奇迹般地活了下来。用他们自己的话说，正是由于 Airbnb 的大部分用户都是低于中等收入的人群，很多人在经济危机中失去了工作，这恰恰成为 Airbnb 难得的机会。一方面，那些饱受金融危机困扰的人们没有钱去付房租，另一方面有的人也想把自己空余的屋子租出去以便获得一些额外收入。刚好在这个时刻，Airbnb 出现在他们面前，完美地满足了这些危机中人们的需求，帮他们实现了各种摆脱困境的可能。尤其在南欧那些濒临破产的国家里，Airbnb 的用户增加得最快，这和经济形势较好的北欧形成鲜明对比。可以说，没有经济危机，Airbnb 网站也许会逐渐发展起来，但发展速度绝不会那么快。经济危机的确成了 Airbnb 业务的助推器，这就是互联网分享的力量。

Airbnb 的业务虽然比刚刚创业起步的那段日子有所好转，但是随着业务的缓慢增长，对于资金的渴望越来越强。如果没了钱，资金链断裂，再好的项目都会戛然停止，进入不能自拔的瘫痪状态。钱在哪里？投资人在哪里？谁能慧眼识珠救救这个项目？这种煎熬般的困境天天都在冲击着三个年轻人的坚守底线。到了 2008 年 11 月，Airbnb 又几近破产，团队成员没有一丝的成就感。这时有人建议布莱恩试一试能否申请入驻著名的 YC 创业孵化器（Y Combinator），那可能是救活 Airbnb 的救命稻草。于是，抱着试试看的心情，他们找到了 YC 孵化器的掌门人保罗·格雷厄姆（Paul Graham）。格雷厄姆一见面就给了布莱恩团队重重的一棒："真有人愿意睡充气床吗？他们是脑子有问题吗？"是呀，这一棒打得年轻人头晕目眩，但也促使他们重新思考项目中存在的问题。难道气垫床的想法真有问题吗？Airbnb 项目一开始的设计就是让客人睡在气垫床上，他们甚至也要求房东提供气垫床。为什么一定要这样呢？难道不能躺在真实的床上吗？如果有人需要订一张真实的床，为什么一定要给他空气床？另外，他们也依稀记得，曾经有一位在伦敦的顾客有订房要求，但那位顾客并不是为了参会而订房。是呀，为什么必须让租客睡气垫床？为什么只盯着会议提供住房呢？是否存在比会议更大的短期订房需求呢？这一系列的反思促使这些书生创业者若有所悟，渐渐拓展了思维空间，也促使他们改良了网站中的许多选项。

格雷厄姆的这一棒虽然打得很重，但是他还是给了Airbnb团队很高的赞赏，称他们是创业界打不死的小强。功夫不负苦心人，终于，布莱恩团队从格雷厄姆那里得到了2万美元的第一笔创业投资。

在接受孵化的那段时间里，布莱恩团队从格雷厄姆那里得到两个重要的帮助：第一，孵化器为Airbnb所有人确立了一种全新的工作方式。所有人吃住都在一起，全职工作。这样就解决了"生活是创业的敌人"这个难题。格雷厄姆经常说，创业公司没有死亡之说，它们只是凋谢了。那段时间里，Airbnb团队成员吃住在一起，每天8点起来，晚上12点睡觉，中间的时间全都用来工作。就这样，他们拼了4个月，将自己的所有时间都奉献给了Airbnb。第二，格雷厄姆给Airbnb团队提了一系列建议，其中最重要的一条就是：拥有100个真心热爱（love）自己的用户要比拥有100万个喜欢（like）自己的用户更重要。在硅谷普遍存在这样一个现象，当创业者开发出一款App后，大家都期待着能让App实现病毒式传播，在短时间内就能获得上百万用户。其实这是一个非常糟糕的想法。这种情况下也许会有100万个用户很喜欢你，但这个意义不大，重要的是找到真心爱你的那100个人，这才是实质性的目标。格雷厄姆的这些建议的确改变了Airbnb后期的发展轨迹。

就这样，Airbnb的创业伙伴们每天都要在山景城和纽约（大部分房东都在纽约）两个地方穿梭，他们努力做到和每一个房东见面聊上几句，有的时候也会在房东那里租住一两天，体验作为租户的感受，并在网站上写下有关该房东房间的第一条评论。此外，他们还会帮助房东为打算出租的房子拍照。摄影师不是别人，而是创始人自己。他们身兼摄影师一职，这让房东们非常惊讶。的确，在创业初期，创始人要身兼各种角色，应付各种难题。

除了开辟纽约市场外，Airbnb 团队也尝试着进军一座又一座新的城市。每到一处新地方，他们都会花很多时间去启迪新的房东客户，有时也会在这座新的城市举办房东见面会来加快市场工作的推进。在项目的推介过程中，房东客户见到这些年轻的创始人后都非常兴奋，于是他们会和更多的朋分享 Airbnb 项目。跟踪分析数据显示，这些房主在见到 Airbnb 的创始人后，他们使用 Airbnb 的频率就会更高。通过这种方式建立起来的用户社区对 Airbnb 的开拓有着巨大的帮助。

4　慧眼投资者

在经历了各种碰壁和绝望之后，Airbnb 的创业伙伴们又一次看到了希望的曙光。在得到 YC 孵化器提供的 2 万美元的几个月后，红杉资本伸出了有力的大手，为 Airbnb 带来了 60 万美元的投资。紧接着，多米诺骨牌效应开始发作，之后的几轮融资几乎包括了硅谷所有著名的风险投资人，演员阿什顿·库彻（Ashton Kutcher）也是早期投资人之一。他就是电影《乔布斯》中的乔布斯的扮演者。库彻在 Twitter 上拥有大量的粉丝和惊人的影响力，被誉为"Twitter 之王"，他对科技领域的创业公司情有独钟。

在度过了早期的融资困难期且 Airbnb 的商业模式逐渐获得投资者认可之后，Airbnb 在随后的几年里实现了惊人的增长。2011 年 2 月，Airbnb 已经实现了 100 万次的订房。2012 年 6 月这个数字达到了 1 000 万次，其中大部分是海外的房源。Airbnb 大力开发海外市场，2012 年年底，Airbnb 已经在全球开设了 12 家办事处。2014 年 Airbnb 网站的预定数为 3 700 万间，但这也仅仅只是全球洲际酒店的 1/5，它还有很大的发展空间。2017 年，Airbnb 在全球 191 个国家的 34 000 个城市里拥有超过 200 万间的房源，成为估值 255 亿美元的创业新星。在共享经济时代，这颗新星的光亮能持续多久谁也不知道，人们只能带着对创业者的尊重和美好的祝福拭目以待了。

资料来源：

https://www.huxiu.com/article/132040/1.html。

案例 3·使用说明

Airbnb 从 0 到 1 的华丽转身

一、教学目的与用途

本案例是关于布莱恩等三个创业青年从 0 到 1 创办 Airbnb 酒店帝国的创业故事，是对创始人创办实体企业艰辛过程的记录。该案例主要用于创业管理课程的教学。其目的是使学生通过对案例的分析和解读，更好地了解和掌握蒂蒙斯创业模型的内涵。

创业活动是一个复杂的过程，虽然人们在选择创业时都期待着成功，但是大部分创业者最后的结局都以失败告终。因此，了解创业过程、总结创业成功规律、把握创业成功要素，这些对创业者来说是非常重要的。根据蒂蒙斯的创业理论，创业成功主要取决于三个关键因素：创业机会、创业团队和创业资源。成功的创业活动必须对机会、团队和资源三者进行最恰当的整合，并且还要根据创业活动重心的变化及时做出调整，以使创业过程重新恢复平衡，保持三要素间的动态性、连续性和互动性。Airbnb 属于成功创业案例，但是在最初创业时，Airbnb 也经历了很多的周折和磨难，也徘徊在破产的边缘。但是为什么这个项目最终取得了成功？哪些关键因素导致它起死回生走出困境？在这个案例中，蒂蒙斯创业模型是否得到了有效的应用？通过阅读案例，学生们会从 Airbnb 的成功中得到启示。

通过此案例的展示，具体的教学目的如下：

（1）使学生知晓一个成功的企业实体是如何从一个商业概念慢慢演化来的，并使其全面了解 Airbnb 的创业过程；

（2）通过对案例的阅读，使学生理解创业机会、创业团队和创业资源的含义及其重要价值；

（3）引导学生在掌握蒂蒙斯创业模型的基础上去分析该模型在现实中是如何应用的，并根据案例中的情景，具体分析案例中创业机会、创业团队以及创业资源是如何对 Airbnb 的成功产生作用的。

二、启发思考题

1. Airbnb 项目的创业灵感是怎样产生的？创业想法的产生有什么特点？
2. 在初期创业过程中，布莱恩团队把握住了哪些关键的机会？请将机会点一一列出来。
3. 在布莱恩团队创业过程中，他们拥有或寻找到哪些资源？
4. 布莱恩创业团队有哪些与众不同的特质？在这些特质中哪些属于最重要的特质，对创业的成功起着关键的作用？
5. 如何理解机会、资源和团队三要素的匹配与平衡？

三、分析思路

本案例主要是帮助学生更好地掌握蒂蒙斯创业过程模型，在具体的情境中对机会、资源和团队有更深刻的认识。为实现该教学目标，本案例可根据以下思路展开分析。

通读案例，使学生熟悉和了解布莱恩团队的整个创业经历和过程。

1. 引导学生思考：布莱恩团队为什么会创业成功？有哪些因素促成了他们的成功？
2. 介绍蒂蒙斯创业过程模型，要求学生在案例中找出与机会、资源、团队三要素相关的句子或情景。
3. 引导学生思考：对布莱恩团队来说，哪些属于促成成功的机会？这些机会是如何出现的？这些机会是一直存在还是短时间内会消失？想象一下如果没有了这些机会可能会出现什么结果。
4. 引导学生思考：在该案例中哪些属于有助于成功的创业资源？这些资源来自哪里？创业者如何找到这些资源？
5. 为什么说创业团队在三个要素中是最重要的核心要素？在该案例

中，团队的重要性体现在哪些方面？

6. 在学生充分了解三要素的基础上引导学生思考：为什么三要素需要在动态中达到均衡？如果出现不均衡情况，那么结果会是怎样？

四、理论依据及分析

关于创业成功的因素，众多学者进行了大量的分析和研究。他们提出了具有独到见解的创业模型，对创业活动的内涵做了直观的解释。比如，威廉·加特纳（William Gartner）于1985年在其著作《一个描述新企业创建现象的概念框架》（Gartner：A conceptual framework for describing the phenomenon of new venture creation）中解释新企业创建过程的加特纳模型；蒂蒙斯（Jeffry A. Timmons）于1999年在他的著作《新企业的创建：21世纪的创业》（New Venture Creation：Entrepreneurship for the 21st Century）中提出了蒂蒙斯创业模型；萨尔曼（Sahlma，WA）于1999年在其著作《关于商业计划——创业风险事业的若干思考》（Some Thoughts on Business Plan：The Entrepreneurial Venture）中强调要素之间协调性的萨尔曼模型；以及菲利普·威克姆（Philip A Wickham）在其论文《战略型创业》（Strategic Entrepreneurship）中提出的基于学习过程的威克姆创业模型。在众多的创业模型中，不少学者认为蒂蒙斯模型最具解释力。该模型有三个关键的创业要素：创业机会、创业团队和创业资源（见图1）。

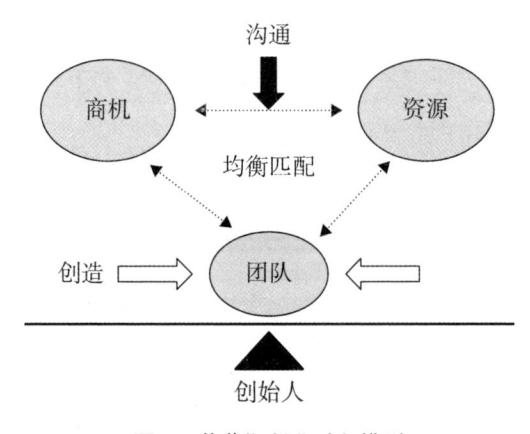

图1 蒂蒙斯创业过程模型

1. 创业机会。蒂蒙斯强调商业机会在创业过程中的重要作用。创业机会是创业者发现的，借以为顾客提供产品或服务价值并能为自身创造收益的时机。创业机会来源于不断变化的市场环境、新技术和新产业的出现、消费者新的价值需求以及不曾有过的商业模式的出现。蒂蒙斯在评价商业机会时构架了一个由八大类 53 个指标组成的机会评价体系。这八个大类指标包括：行业和市场、经济因素、收获条件、管理团队、致命缺陷问题、个人标准、理想与现实的战略差异。通过定性和定量的分析，创业者可以利用这个模型对创业项目以及创业的投资价值和机会进行评价。

2. 创业资源。蒂蒙斯认为资源是创业过程中不可或缺的支撑要素，它包括：财务资源、客户资源、技术资源、人力资源和管理资源等。成功的创业者应该追求对资源的有效利用和控制，而不是对资源的贪婪拥有。为了合理利用和控制资源，创业者往往要制定设计精巧、用资谨慎的创业战略，这种战略对创业具有极其重要的意义。

3. 创业团队。创业团队就是有着共同创业梦想，能在一起吃苦打拼的伙伴。蒂蒙斯认为在创业初期，创业者的重点应该放在组建创业团队方面。创业团队必须具备善于学习、从容应对逆境的品格，以及创造能力、沟通能力和适应市场环境变化的能力。

总体来看，商业机会的发掘和选择是创业活动的首要因素；创业资源是创业活动不可缺少的支撑要素；而创业团队则是实现创业目标的核心要素。一流的创意加上二流的团队是不可能成功的，同样，无论创意与团队多么完美，如果缺乏恰当的资源，创业活动也会注定失败。蒂蒙斯创业过程模型的核心思想在于，创业过程是一个高度的动态过程，商机、资源和创业团队是创业过程中最重要的驱动因素，它们的存在和成长，决定了创业过程向什么方向发展。

五、关键要点

1. 熟练掌握蒂蒙斯创业过程模型，知晓机会、资源、团队在创业过程中的作用。

2. 找出案例中哪些属于机会，哪些属于资源，哪些可以展示创业团队与众不同的特质。

3. 认识三要素之间的关系：机会是驱动要素；资源是指称要素；团队是核心要素。

六、建议分析路线

本案例主要对象是本科学生。该案例主要想达到的目的是引导学生了解蒂蒙斯创业过程模型，并在具体案例的情境下了解机会、资源和团队是怎样对创业成功产生影响的。

1. 组织学生阅读案例，让学生们一起找出 10 个关键词，并将其串联起来，形成对 Airbnb 创业过程的描述。

2. 集体进行讨论：Airbnb 创业项目成功的因素有哪些？教师将学生们的答案写在黑板上。

3. 将全班学生分成三个小组，分别代表机会、资源和团队。

4. 各小组在熟读案例的基础上将案例中与机会、资源、团队相关的句子找出来，写在便签纸上并将其有序地按照三个类别贴在黑板上。

5. 教师引导学生温习蒂蒙斯创业过程模型，并思考在众多的因素中，为什么机会、资源、团队十分重要，构成了创业过程模型最重要的三要素。各小组代表发言。

6. 引导学生思考：如果三要素中任何一个要素不匹配或没有出现，其结果可能会是什么样的？

7. 引导学生列举其他著名的创业成功例子，进一步说明机会、资源和团队的重要性。

8. 教师对蒂蒙斯创业过程模型进行总结。

七、建议课堂计划

本案例适用于创业管理以及创业策划等创业类课程。可以在授课过程中的相关章节穿插引入该案例。建议课堂计划如下：

案例讨论的时间控制在60分钟以内。

课前计划：将案例文本提前发给学生，要求学生认真阅读并熟悉案例的内容。

课中计划：教师简单介绍案例课的目的并布置课堂任务（5分钟）；

学生根据教师的要求分小组进行案例分析，找出与机会、资源、团队相关的情境和句子（20分钟）；

小组代表发言，阐述对三要素的看法（每组3分钟，控制在20分钟左右）；

组织全班进行讨论（10分钟）；

教师对案例进行总结（5分钟）。

课后计划：各小组在网上查找另一个创业成功的案例，并根据蒂蒙斯创业过程模型来说明机会、资源、团队是如何促成创业成功的。

■ 案例 4·正文

苹果公司的商业模式创新之路

【摘 要】 本案例是集中反映企业商业模式创新路径的一个典型案例。它以苹果公司在发展过程中通过创新商业模式突破增长瓶颈为主线，展示了苹果公司自 2003 年推出了 iTunes（作为苹果终端的管理平台），并与 iPod 融合链接，进行了商业模式创新，颠覆了整个音乐产业，同理，苹果公司 2007 年推出 iPhone 手机，与其 App Store 融合链接，也颠覆了整个手机产业。总之，以"iTunes+iPod"为代表的商业模式创新，大大推动了苹果市值的快速飙升。

【关键词】 商业模式；苹果公司；创新

0 引言

2010 年 5 月 26 日，美国发生了一件大事。那一天，苹果公司以 2 213.6 亿美元的市值，一举超越了微软公司，成为全球最具价值的科技公司。截至 2010 年 7 月 30 日，苹果公司的市值又上涨 5%，达到 2 350 亿美元，和微软公司的市值差距进一步拉大。以苹果过去 5 年的市值增长趋势来看，苹果公司在一年之内成为全球市值最大的公司，并非不可能。目前，全球市值最高的公司是埃克森石油，市值 2 800 亿美元，在过去一年中的市值持续下跌。

2003 年年初，苹果公司的市值也不过 60 亿美元左右。一家公司在短短 7 年之内，市值增加了近 40 倍，如果说这是一个企业史上的奇迹，估计没人会反对这一观点。全球顶尖的财经媒体,都在不约而同地为苹果公司和苹果公司的 CEO 乔布斯高唱赞歌。在《商业周刊》列出的全球最伟大公司中,苹果公司排名第一。而在《哈佛商业评论》88 年来第一次推出的最伟大 CEO 排行榜中,乔布斯也是当仁不让地排名第一。

1 背景

1976 年,20 岁的史蒂夫·乔布斯和沃兹在乔布斯父母的车库里办起了苹果公司,从此揭开了苹果公司传奇般的创业史。

1976 年 5 月,乔布斯与一家本地电脑商店洽谈,取得第一份苹果电脑的订单,在后来被命名为 Apple I。当时大多数的电脑没有显示器,Apple I 却以电视作为显示器。尽管 Apple I 的设计相当简单,但它仍然是一件杰作,而且比其他同级的主机零件更少,使沃兹赢得了设计大师的名誉,最终 Apple I 一共生产了 200 部。

1977 年,苹果公司推出 Apple II,售价为 1 298 美元,成为人类历史上第一台个人电脑。Apple II 型在 20 世纪 80 年代已售出数百万部,还拥有多种改良型号,包括苹果 IIe 和 IIgs 等。此两种计算机一直到 20 世纪 90 年代末期,仍然可以在许多学校里发现踪影,成为个人计算机的代表作。

1980 年,Apple III 型上市,12 月 12 日,苹果公司股票公开上市,在不到一个小时内,460 万股全被抢购一空,当日以每股 29 美元收市。按这个收盘价计算,苹果公司高层产生了 4 名亿万富翁和 40 名以上百万富翁。

1984 年 1 月 24 日,Apple Macintosh 发布,该电脑配有全新的具有革命性的操作系统,成为计算机工业发展史上的一个里程碑,Mac 电脑一经推出,即受到热捧,人们争相抢购,苹果电脑的市场份额不断上升。

1985 年,乔布斯获得了由里根总统授予的国家级技术勋章。然而,成功来得太快,过多的荣誉背后却是强烈的危机,由于乔布斯坚持苹果电脑软件与硬件的捆绑销售,致使苹果电脑不能走向大众化之路,加上蓝色巨人 IBM 公司也开始醒悟过来,也推出了个人电脑,抢占了大片市场,使得乔布斯新开发的电脑销量节节惨败,总经理和董事们便把这一失败归罪于董事长乔布斯。

1985年4月经由苹果公司董事会决议撤销了乔布斯的经营大权,乔布斯几次想夺回权力均未成功,便在1985年9月17日愤而辞去苹果公司董事长职位。

乔布斯离开后,苹果公司并未改变公司的经营策略,仍然坚持软件与硬件的捆绑销售,同时由于苹果漠视合作伙伴,在新系统开发上市之前并不给予合作伙伴兼容性技术上的支持,从而将可能的合作伙伴全部赶走,微软公司不堪忍受,只能尝试发展自己的系统,不久,windows95系统诞生,苹果电脑的市场份额一落千丈,几乎处于崩溃的边缘。

而乔布斯在离开苹果公司后,随即创办一家名为Next的软件开发公司,不久,该公司成功制作了第一部电脑动画片《玩具总动员》取得巨大成功。1997年8月,苹果宣布收购Next公司,乔布斯由此重新回到了苹果,并开始重新执掌公司。

1998年6月,苹果公司推出了自己的传奇产品iMac,它重新定义了个人电脑的外貌,并迅速成为一种时尚象征。推出前,仅靠平面与电视宣传,就有15万人预定了iMac,而在之后3年内,它一共售出了500万台。实际上这款电脑的所有配置都与此前一代苹果电脑几乎一样,这次的成果主要是靠其工业设计。自iMac推出之后,苹果公司开始走上振兴之路、殊荣不断。1998年12月,iMac荣获《时代》杂志"1998最佳电脑"称号,并名列"1998年度全球十大工业设计"第三名。1999年,苹果公司又推出了第二代iMac,有着红、黄、蓝、绿、紫五种水果颜色的款式供选择,一面市就取得了成功。

1999年7月,苹果公司推出外形蓝黄相间的笔记本电脑iBook,iBook融合了iMac独特的时尚风格、最新无线网络功能与苹果电脑在便携电脑领域的全部优势,是专为家庭和学校用户设计的"可移动iMac"。1999年10月iBook夺得"美国消费类便携电脑"市场第一名,还在《时代》杂志举行的"1999年度世界之最"评选中荣获"年度最佳设计奖"。

2001年,苹果公司开通了网络音乐服务iTunes网上商店。到2003年时，iTunes 音乐商店可供下载的歌曲数量已达 500 万首，电视剧和电影数量分别为 350 部和 400 部，目前 iTunes 已成为全球最为热门的网络音乐商店之一。

2001 年苹果公司推出 iTunes 之后，开始着手研发与之相配的便携式存储器随身听 iPod。2001 年 10 月 iPod 发布时，399 美元的价格让评论界难以看好其前景。刚刚开始 iPod 销量并不理想，2002 年，它只售出 10 万台。再一次，苹果公司 CEO 乔布斯采取了两个策略，一是一改以往苹果产品与 windows 不兼容的特性，让 PC 用户也可以直接使用 iPod；二是将 iTunes 从一个单机版音乐软件变为一个网络音乐销售平台。与 PC 的兼容以及 iTunes 的拉动，让 iPod 先抑后扬：它在随后两年内销量超过 1 000 万台，做到了随身听所不曾做到的：超越电子产品的范畴，iPod 成了一种符号、一个宠物以及身份表征。

2007 年夏季，苹果推出 iPhone 智能手机。该产品提供音乐播放、电子邮件收发、互联网接入等功能。

2009 年 7 月，苹果又推出了 3G 版 iPhone。在 2G 版和 3G 版 iPhone 首发期间，全球各国都出现了消费者提前数天排队购买的现象，iPhone 成为全球关注度最高的一款手机。

2010 年 4 月 3 日，苹果公司推出 iPad 系列产品，苹果 iPad 的问世再次引发了全球的关注。用户通过手指点触屏幕便可上网浏览网页、收发邮件、绘制图表，等等。这款新产品采用了和 iPhone 同样的操作系统，外观也像一个放大版的 iPhone，在应用软件方面也沿用了 iPhone+App Store 的模式。虽然这款产品存在很多争议，但无疑收到了"苹果粉"的狂热拥护，每周的销量超过 20 万部，并被公认为会颠覆未来的出版行业。

2 为什么苹果市值猛增？

要回答这个问题，我们先看看从 1997 年到 2003 年之间，乔布斯在苹果公司做了些什么。1997 年，乔布斯回到了他亲手创立的苹果，当时的苹果公司已经岌岌可危，市值不到 40 亿美元。乔布斯回到苹果做的第一件事情，是重新塑造了苹果的设计文化，推出了 iMac，让苹果电脑重新成为"酷品牌"的代表。但资本市场对乔布斯的举动并不领情，iMac 就像以前的苹果产品一样，属于典型的"非主流"人士使用的，并没有给苹果的市值带来什么积极影响。

2001 年，乔布斯推出了后来创造了奇迹的 iPod，进入音乐播放器市场。不过，当时的这一举动并没有受到资本市场的欢迎。最早推出数字音乐播放器的公司并不是苹果，而是一家名为"钻石多媒体"的公司，这家推出数字音乐播放器的时间是 1998 年，比苹果公司早了整整 3 年。2000 年，一家名为 Best Data 的公司推出了一款新的产品，这两款产品性能优良，既可随身携带，又新颖时尚。苹果公司推出的 iPod，在功能上并没有什么特别之处。

一直到 2003 年，苹果公司还是一家被"非主流"用户推崇的公司。虽然大众都知道苹果的产品不错，但愿意花钱为这种欣赏"买单"的人并不多。苹果公司在资本市场的表现一直中规中矩，虽然在 2000 年的时候苹果公司的市值也曾达到 100 亿美元，但那是拜互联网泡沫所赐。到了 2003 年，苹果的市值下滑到 60 亿美元，和乔布斯 1997 年重新执掌苹果的时候相比并没有多大长进。不过不要着急，从 2003 年 3 月开始，苹果公司的市值终于开始飙升了！

2003 年苹果公司发生了什么事情呢？那一年，苹果推出了 iTunes。这是苹果历史上最具革命性创新的产品，也推动了苹果市值的快速飙升。起初 iTunes 只是一个和 iPod 相匹配的音乐管理平台。如今，它是苹果终端的管理平台，无论是 iPod、iPhone 还是 iPad，都是通过 iTunes 来管理的。iTunes 是苹果的创新枢纽。可以说，没有 iTunes 的出现，就没有 iPhone 和 iPad 这样革命性的产品出现。

为什么说 iTunes 那么重要？iTunes 绝不只是一款软件产品，它的出现意味着苹果转型的开始。iTunes 出现之前，苹果只是一家产品公司，虽然这些产品非常优秀，但在若干同样优秀的产品面前，苹果的产品是可以替代的。iTunes 改变了这一切。随着 iTunes 的出现，苹果公司得以进入音乐市场，它不仅仅是靠卖产品赚钱，还可以通过卖音乐来赚钱。短短3年内，iPod+iTunes组合为苹果公司创收近100亿美元，几乎占到公司总收入的一半。

2007年，苹果公司发布iPhone，掀起了一场手机革命。除了产品设计本身的创新之外，苹果公司还沿用了iTunes在iPod上的应用，在2008年推出了App Store，并和iTunes无缝对接。iPhone+App Store的组合，为苹果赋予了主导地位，引领了手机革命。和iPod颠覆了音乐产业一样，iPhone也成功地颠覆了手机产业。

3 苹果在商业模式上的创新之路

在分析苹果商业模式创新之前，我们先来定义一下何谓商业模式创新。马克·约翰逊、克莱顿·克里斯坦森和孔翰宁在《哈佛商业评论》上发表的《如何重塑商业模式》一文中，对商业模式的定义如下：商业模式就是如何创造和传递客户价值和公司价值的系统。亚历山大·奥斯特瓦德（Alexander Osterwalder）、伊夫·皮尼厄（Yves Pignewr）也认为商业模式描述了企业如何创造价值、传递价值、获取价值的基本原理。

苹果公司的过人之处，不仅仅在于它为新技术提供时尚的设计，更重要的是，它把新技术和卓越的商业模式结合起来。苹果真正的创新不是硬件层面的，而是让数字音乐下载变得更加简单易行。利用iTunes+iPod的组合，便于顾客对数字音乐下载和传输的需求，新的商业模式"iTunes+iPod"就这样诞生了。这种全新的商业模式（就是将音乐播放器与音乐媒体库合二为一，顾客可以非常低廉的价格从音乐数据库iTunes下载自己喜欢的曲目到音乐播放器iPod）是对传统数字音乐商业模式的彻底颠覆，它极大地满足了顾客对数字音乐下载、传输的需求，以至于这一商业模式在2003年诞生的当年就创造了10亿美元的破纪录收入；同样，2007年苹果公司推出iPhone沿用了同样的商业模式，名称为"APP Store+iPhone"，使得2007年的公司收入更是达到了惊人的1 500亿美元。苹果公司的"iTunes+iPod"的商业模式，杰出地诠释了真正满足顾客需求在商业模式创新过程中的巨大商业价值。

一个成功的商业模式，第一步就是要制订一个有力的客户价值主张，也就是如何帮助客户完成其工作。对于苹果而言，iPhone 的核心功能就是一个通讯和数码终端，它融合手机、相机、音乐播放器和掌上电脑的功能，这种多功能的组合为用户提供了超越手机或者 iPod 这样单一的功能。苹果的 APP Store 拥有近 20 万个程序，这些程序也是客户价值主张的重要组成部分。除此之外，苹果在用户体验方面做得非常出色，这些都是苹果提供的客户价值主张。

成功的商业模式第二步就是制订盈利模式，也就是为自己公司创造价值的详细计划。对于苹果公司而言，盈利路径主要有两个：一个是靠卖硬件产品来获得一次性的高额利润，二是靠卖音乐和应用程序来获得重复性购买的持续利润。由于优秀的设计，以及超过 10 万计的音乐和应用程序的支持，无论是 iPod、iPhone 还是 iPad，都要比同类竞争产品的利润高很多。同样，由于有上面这些硬件的支持，那些应用程序也更有价值。苹果公司的收入模式见图 1：

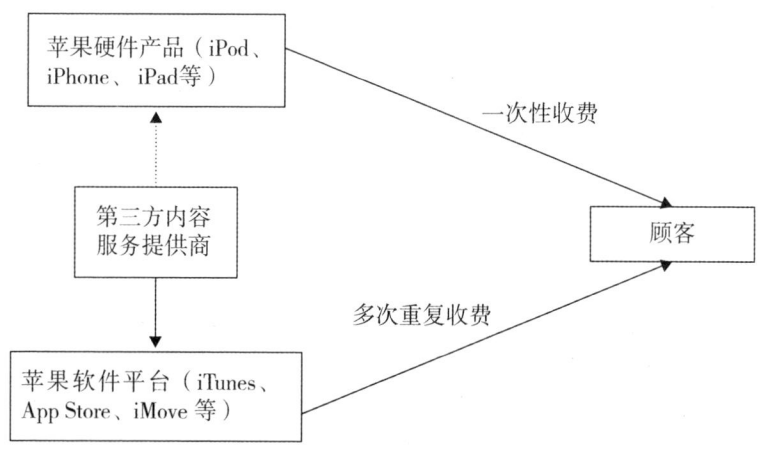

图 1　苹果公司收入模式

与吉列公司著名的刀片——剃须刀的盈利模式相反，苹果公司实质上采用了降低刀片价格（低利润的音乐及其他应用软件），而锁定了高价格剃须刀（高利润的硬件产品）的盈利模式。目前苹果公司的大部分盈利都基本上来源于其硬件，但软件收入来源所获利润所占比例近些年也在不断提高。硬件和软件这两种收入来源相互促进、相互加强，形成了一个良性循环，从而使得苹果公司能够获得高额的持续的利润收入。

4　资源和关键流程

明确了客户价值和公司价值，接下来就是如何实现这些价值了，这就是关键资源和关键流程。对于苹果公司而言，它的关键资源是它拥有一个出类拔萃的CEO乔布斯，而且有创新能力很强的产品设计和开发人员，以及来自唱片公司、软件开发者的支持。苹果公司的关键流程则是苹果公司鼓励创新的公司制度、企业文化和日常管理工作，这些流程确保苹果公司的创新具有可复制性和扩展性，从而不断开发出类似于iPhone和iPad这样的产品。苹果的合作伙伴具体包括零部件供应商、终端设备制造商、第三方内容服务提供商、网络运营商与授权经销商等。

5　苹果公司的价值传递

价值传递是指企业将其创造的顾客价值有效地传递给顾客的方式。苹果公司价值传递主要指苹果独特的营销方式。苹果公司总的营销策略是制造大众欢迎的精美的产品，然后发动强大的营销攻势，以便向顾客传递其产品/服务的价值。苹果公司实施营销策略时，紧密结合顾客的感受，一切从顾客价值出发，能够很好地理解顾客的感受，从而赢得消费者的共鸣。另外，苹果总是以创新、专业的方式展示其产品，从而使得产品优质的形象灌输到顾客思想中，从而实现价值的有效提交。总的来说，苹果公司主要采用了广告、产品发布会、苹果专卖店、产品包装、网站等营销方式将价值有效地传达给顾客。

6　苹果公司的成本模式

成本模式指的是企业管理成本的方式，其解决的问题是在价值创造的过程中,如何对企业的成本进行布局和控制。有效的成本模式也是企业商业模式获得成功的关键。苹果公司商业模式之所以获得了成功,原因之一是它采用了最优成本模式。苹果公司通过以下几种方式有效地控制了成本:(1)苹果公司首先通过在国内建厂控制产品的设计、研发、品牌及营销,牢固掌握核心技术,在核心技术方面拥有大量的专利,这也使得其不必向第三方支付专利费,从而节省了大量的成本费用。(2)苹果公司施行全球化战略,通过全球采购和非核心业务外包,有效地降低了苹果制造方面的研发费用和成本费用。(3)苹果公司为了避免零部件价格的波动带来成本的上升,经常与一些关键零部件的供应商,尤其是单一来源的供应商建立长期供货合同。另外,苹果较大的订货量使得它和零部件供应商谈判时有较强的议价能力,也降低了成本。(4)苹果公司通过零售体验店让顾客亲自感受苹果产品的特色,既解决了销售人员经验不足的问题,减少了相应的培训费用,也减少了对渠道建设的投入以及零售商的分成,降低了销售成本。同时,苹果通过零售店了解顾客对其产品的看法和意见,并在以后的产品升级以及新产品开发时予以改进,苹果这种借助零售店平台进行用户需求调查的方法,也节省了大量市场调研费用。

资料来源:

1. 陈雪频. 管理的正念 [M]. 北京:新世界出版社,2013.

2. 张丹. 基于价值网的苹果公司商业模式研究 [D]. 郑州大学,2013.

■ 案例 4 · 使用说明

苹果公司的商业模式创新之路

一、教学目的与用途

本案例是集中反映企业商业模式创新路径的一个典型案例。它以苹果公司在发展过程中通过创新商业模式突破增长的瓶颈为主线，展示了苹果公司 2003 年推出的 iTunes（作为苹果终端的管理平台），并创新商业模式。采用了"iTunes+iPod"的商业模式，iTunes 是苹果历史上最具革命性创新的产品，也推动了苹果市值的快速飙升。

本案例可用于创业管理课程，也适用于企业创新等课程。

通过此案例的展示，具体的教学目的如下：

(1) 使学生了解商业模式及其构成；

(2) 使学生了解商业模式的重要作用；

(3) 使学生了解企业商业模式创新的基本路径和步骤；

(4) 引导学生思考创业过程中如何进行商业模式设计和创新。

二、启发思考题

1. 案例中所展示的苹果公司商业模式创新的起点在哪里？

2. 苹果公司的商业模式创新路径是怎样的？

3. 苹果公司的 iPod、iPhone 和 iPad 等产品是如何成为不可替代的产品？

4. 试用商业模式创新理论分析苹果公司的商业模式创新模式。

三、分析思路

教师可以根据自己的教学目标来灵活使用本案例。这里提出本案例的

分析思路，仅供参考。

1. 分析 iTunes 在苹果公司商业模式创新中的作用。

2. 分析苹果公司如何通过重新定义客户价值，创造价值和传递价值的过程。

3. 分析 iTunes 和 App Store 后台销售平台与终端产品的无缝链接使得苹果公司的终端新产品源源不断地出现并成为不可替代的产品。

4. 苹果公司通过重新定义本产业、进入或创造一个新产业，从而创造了一个全新的商业模式。和 iPod 颠覆了音乐产业一样，iPhone 也成功地颠覆了手机产业。其他如高盛（Goldman Sachs）、富士（Fuji）和印度大企业集团 Bharti Airtel 等都在进行这类商业模式创新。

四、理论依据及分析

（一）商业模式创新的概念

由于商业模式概念的多样性和复杂性，导致学者们界定商业模式创新（Business Model Innovation）出现分歧。目前，理论界对于商业模式创新内涵也存在不同的观点。一些学者从价值链或价值创造角度对商业模式创新进行了界定。例如，胡艳曦等认为商业模式创新就是企业对价值链的调整或重构。荆浩等提出，商业模式创新是指企业价值创造基本逻辑的创新变化。商业模式创新成为继技术创新、产品创新、市场创新、管理创新等单一创新之后出现的一种重要的综合性创新，商业模式创新已经成为当今企业获得核心竞争力的重要法宝。本文认为商业模式创新是指企业价值创造提供基本逻辑的创新变化，它既可能包括多个商业模式构成要素的变化，也可能包括要素间关系或者动力机制的变化。

创新概念可追溯到熊彼特，他提出创新是指把一种新的生产要素和生产条件的"新结合"引入生产体系，具体有 5 种形态：开发出新产品、推出新的生产方法、开辟新市场、获得新原料来源和采用新的产业组织形态。相对于这些传统的创新类型，商业模式创新有几个明显的特点：一是商业模式创新的出发点是为客户创造价值。商业模式创新更注重从客户的角度出发，它逻辑思考的起点是客户的需求，根据客户需求考虑如何有效满足它，这点明显不同于许多技术创新。传统的技术创新常是从技术特性与功能出发，看它能用来干什么，去找它潜在的市场用途。而商业模式创新即使涉及技术，也多是和技术的经济方面因素、与技术所蕴含的经济价值及经济可行性有关，而不是纯粹的技术特性。二是商业模式创新的综合和系统性。商业模式创新表现得更为系统和根本，它不是单一因素的变化。它常常涉及商业模式多个要素同时的变化，往往伴随产品、工艺或者组织等方面的创新，需要企业组织较大的战略调整，是一种集成创新，是在客户价值重新审视和重构前提下的各要素及其运行机制的创新。三是商业模式创新很难被模仿。商业模式创新是为客户创造价值的产业链的创新，各个创新要素都整合在这一创新系统之中，单一的技术、营销、管理等方面的创新很容易被模仿，因此由此创新所带来的竞争优势也很容易退化为一般能力，对企业核心竞争力的提升作用有限。而商业模式创新，虽然也表现为企业效率提高、成本降低，由于它更为系统和根本，涉及多个要素的同时变化，因此，它也更难以被竞争者模仿，常给企业带来战略性的竞争优势，而且这种优势常可以持续数年。这使得它成为当今企业核心竞争力的最重要来源，也是企业家追捧商业模式创新的最根本原因。

（二）商业模式创新的途径和方法

商业模式创新是指企业价值创造提供基本逻辑的创新变化，它既可能包括多个商业模式构成要素的变化，也可能包括要素间关系或者动力机制的变化。商业模式创新对新创企业来说就是商业模式设计，对已有商业模式的企业来说就是重塑或重建。

1. 新创企业商业模式设计。

根据亚历山大·奥斯特瓦德的观点，一个有效的商业模式虽由九大要素构成，但这九个要素之间是存在结构化有机联系的整体，他用商业模式画布工具来描述相互之间的关系（见图2）。

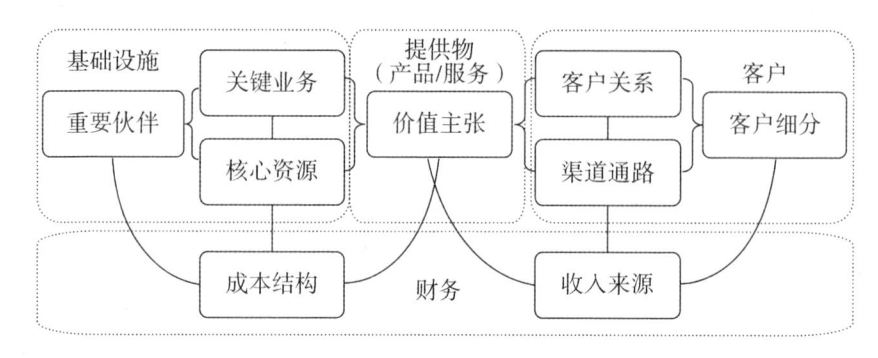

图2 商业模式结构

根据九大要素间的逻辑关系，商业模式的设计可以分以下四步进行：

(1) 价值创造收入：提出价值主张、寻找客户细分、打通渠道通路、建立客户关系。

(2) 价值创造需要基础设施：衡量核心资源及能力、设计关键业务、寻找重要伙伴。

(3) 基础设施引发成本：确定成本结构。

(4) 差额即利润：根据成本结构调整收益方式。

2. 商业模式重建。

亚历山大·奥斯特瓦德（2004、2007）指出，在商业模式这一价值体系中，企业可以通过改变客户细分、价值主张、渠道通路、客户关系、收入来源、核心资源、关键业务、重要合作和成本结构等因素来激发商业模式创新。也就是说，企业经营每一个环节的创新都有可能成为一种重塑商业模式的方式。一般而言，商业模式重塑或创新有四种方法：改变收入模式（revenue model innovation）、改变企业模式（enterprise model）、改变产业模式（industry model innovation）和改变技术模式（technology-driven innovation）。

(1) 改变收入模式。改变收入模式就是改变一个企业的用户价值定义和相应的利润方程或收入模型。这就需要重新定义细分客户的价值定义，深刻理解用户购买你的产品需要完成的任务或要实现的目标是什么。其实，用户要完成一项任务需要的不仅是产品，而是一个解决方案

（solution）。国际知名电钻企业喜利得公司（Hilti）就从此角度找到用户新需求，并重新确认用户价值定义。喜利得公司的主营业务是向建筑行业提供各类高端工业电钻。但由于市场竞争导致该行业成为低利或微利行业。喜利得公司深刻理解用户所需要完成的工作，发现其实用户真正需要的不是电钻，而是在正确的时间和地点获得处于最佳状态的电钻，但是由于用户缺乏对大量电钻的综合管理能力，所以经常造成工期延误。喜利得公司随即更新了用户价值定义，于是不再出售而是出租电钻，并向用户提供电钻库存、维修和保养等综合管理服务，喜利得从制造商转变为服务提供商，把制造向第三方转移，同时收入模式发生变化。戴尔、沃尔玛等公司也通过这种方式进行商业模式创新。

（2）改变企业模式。改变企业模式就是改变一个企业在产业链的位置和充当的角色。一般来说，企业的这种变化是通过垂直整合策略或出售及外包（outsourcing）来实现的。如 IBM 公司在 20 世纪 90 年代初期意识到个人电脑业已无利可寻，随即出售其个人电脑业务。专注于服务和提供解决方案的咨询业，从而改变其在产业链的位置和它原有的商业模式。甲骨文（Oracle）、Facebook 等都是采取这种思路进行商业模式创新。

（3）改变产业模式。改变产业模式就是重新定义本产业，进入或创造一个新产业。它是比较激进的一种商业模式创新。苹果公司就是这样创新商业模式的。2003 年苹果公司推出 iTunes，iTunes 绝不仅仅是一款软件产品，它的出现意味着苹果转型的开始。iTunes 出现之前，苹果的产品是可以替代的。随着 iTunes 的出现，苹果公司得以进入音乐市场，它不仅仅靠卖产品赚钱，还可以通过卖音乐来赚钱。2007 年，苹果公司发布 iPhone，2008 年推出了 App Store，并和 iTunes 无缝对接。"iPhone+App Store"的组合，使苹果在行业中获得主导地位，成为引领手机革命的先行者。和 iPod 颠覆了音乐产业一样，iPhone 也成功地颠覆了手机产业。

（4）改变技术模式。改变技术模式是指企业可以通过引进激进型技术来主导自身的商业模式创新，如当年众多企业利用互联网进行商业模式创新。很多新的商业模式都是围绕着技术创新而产生的，新技术往往可以为商业模式创新注入动力。最典型的就是云计算。云计算本身既是技术也是商业模式，不同的公司建立不同的云计算商业模式。谷歌立足于终端用户，通过建立强大的基础平台、软件系统和信息资源，以信息搜索服务的方式提供给用户，从广告获得收益。

当然，这些方式有时是可以组合使用的，商业模式创新是一个系统变革过程，不能孤立对待。

五、关键要点

1. 商业模式创新的出发点和着力点；
2. 商业模式创新的途径和步骤。

六、建议分析路线

1. 本案例的教学对象为没有任何企业经验的本科生，要求他们在给出案例的基础上，围绕案例的内容收集及与此相关的资料，深入分析商业模式创新的重要性和路径。

2. 组织学生分组进行讨论每种产品的商业模式及"iPod+iTune"商业模式。

3. 可以伴随讨论的不断深入，根据学生对问题的分析程度，再增加一些相关的假设条件，从而提高对问题分析的复杂程度和对案例讨论的灵活性。也可以引导学生考虑，在不同的假设条件下还有哪些方式、方法、措施和手段可以选择。

4. 如果时间充足的话，可以让学生结合以前学习过的相关内容，扩展思路，对同行业中成功和失败企业的经验教训进行分析，进一步加深对商业模式创新的认识。

5. 最后，在结合各组讨论意见的基础上，老师提出供学生参考的观点，并进一步提出具有深入思考性的问题，为后续课程的讲授做好铺垫。

七、建议课堂计划

本案例可以作为专门的案例讨论课来进行。如下是按照时间进度提供的课堂计划建议，仅供参考。

整个案例课的课堂时间控制在 80~90 分钟。

课前计划： 提出启发思考题，请学员在课前完成阅读和初步思考。

课中计划： 简要的课堂前言，明确主题（2~5 分钟）；

分组讨论，告知发言要求（30 分钟）；

小组发言（每组 5 分钟，控制在 30 分钟）；

引导全班进一步讨论，并进行归纳总结（15~20 分钟）。

课后计划： 如有必要，请学员采用报告形式给出更加具体的解决方案，包括具体的创新步骤，为后续章节内容做好铺垫。

■ 案例 5·正文

迪斯尼公司的商业模式[1]

【摘　要】本案例是集中反映企业商业模式结构的一个典型案例。它以迪斯尼公司在发展过程中通过创新商业模式不断摆脱发展的困境为主线，展示了迪斯尼公司如何一步一步通过商业模式的不断完善，架构起完整的文化产业链，成为美国乃至全世界娱乐业的"巨无霸"。

【关键词】商业模式；迪斯尼公司；动画

0　引言

在1929—1933年的大萧条中，美国迪斯尼公司（The Walt Disney Company）创造的米老鼠卡通人物，为经济萧条环境下沮丧的人们打开了一扇明亮的窗，不仅促进了美国娱乐影视业的逆势崛起和激活美国经济，还在市场寒冬中上演了企业"过冬"的童话传奇。特别是公司创始人沃尔特·迪斯尼，这位富有创造性的商业奇才，以"经营娱乐"的方式给世界带来无限欢乐的同时，也赚得盆满钵溢。以家喻户晓的米老鼠、唐老鸭等卡通明星人物及迪斯尼主题公园驰名世界。传媒巨子缔造者的经营秘诀及迪斯尼成功背后的商业模式，引起了全世界各界商业人士的广泛关注，很多管理者和研究学者都希望透过其成功后的现象，探索迪斯尼公司取得辉煌背后的经营理念和商业运作模式。

---

[1]　1. 本案例是根据二手资料编写而成，且本案例只供课堂讨论之用，绝不用于任何商业用途；2. 不对企业的经营管理做出任何评判。

1　背景信息

1901年2月5日，沃尔特·迪斯尼生于美国芝加哥市。1910年9月，迪斯尼迁居堪萨斯市，开始了长达6年的报童生涯。1922年，沃尔特辞去了广告公司的工作，创办了动画片制作公司。但因2名推销动画片的推销员携款逃跑，公司刚成立半年就宣告破产。

1923年夏天，迪斯尼来到位于加州的好莱坞，和哥哥罗伊又重新创业，成立了"迪斯尼兄弟动画制作公司"，这就是今天迪斯尼公司娱乐帝国的开始。1925年7月，沃尔特和哥哥罗伊建立了赫伯龙制片厂。1926年，迪斯尼将"迪斯尼兄弟公司"的名称改为"沃尔特·迪斯尼公司"。1927年，迪斯尼创作出很受欢迎的卡通人物——"幸运兔奥斯华"。1928年，迪斯尼先后创作出3部以米老鼠为主人公的卡通片。在当年的11月份，有声卡通影片《威利号汽船》首映时反响极为强烈。迪斯尼也首次用米老鼠的版权费大赚了一把（并在以后近100年当中，征服了全世界的孩子）。在接下来的10多年里，迪斯尼公司收入的1/10也都来自有偿转让卡通人物形象所得的版权费。到1930年，米老鼠已成为全世界家喻户晓的角色明星。其中，即便是1929年到1932年的三年经济大萧条中，也有100多万美国儿童加入了"米奇俱乐部"，迪斯尼在给美国儿童带来无穷快乐的同时，也赚得盆满钵溢。到了1935年，以米老鼠为代表的好莱坞电影占据了美国电影市场的全部和世界电影市场80%的份额。

1935年，迪斯尼建议将童话故事《白雪公主》改编制作成动画电影。两年后的12月21日，《白雪公主》上映时就一举赚得850万美元，并获得学院奖。迪斯尼带来的不仅是一个家喻户晓的卡通人物，还有超过10倍的回报率。

二战爆发后，到1940年，迪斯尼公司负债高达450万美元。一时员工的工资难以及时发放，加上工会组织的罢工和要求增加工资，公司业务几乎全部停转并险遭破产。1941年2月，公司在裁减1 500名员工的同时，开始筹备公司上市，并售出400万美元的股票。1942年8月，《小鹿斑比》

动画片推出后大受欢迎，公司又收入大增，加上迪斯尼公司同时推出了《木偶奇遇记》和《幻想曲》等卡通剧情长片，才暂时缓解了财务危机。

第二次世界大战后，迪斯尼又开始了电视业的开拓，1954年，迪斯尼与ABC签约，进军电视业，并亲自主持电视节目"迪斯尼乐园"和"米老鼠俱乐部"。在随后的20世纪90年代，迪斯尼又诞生了一批优秀的影片，包括《谁杀了兔子罗杰》《狮子王》《玩具总动员》等，再次在社会上引起轰动。

1955年7月，迪斯尼把动画片所运用的色彩、刺激、魔幻等表现手法与游乐园的功能相结合，推出了世界上第一个现代意义上的主题公园——洛杉矶迪斯尼乐园。1971年，迪斯尼公司又在本土的佛罗里达州建成了占地130平方公里，由7个风格迥异的主题公园、6个高尔夫俱乐部和6个主题酒店组成的奥兰多迪斯尼世界。1983年和1992年，迪斯尼以出卖专利等方式，分别在日本东京、法国巴黎建成了两个大型迪斯尼主题公园。至此，迪斯尼成为世界上主题公园行业内的巨无霸级跨国公司。

20世纪70年代后期到80年代初期，公司徘徊在低增长甚至亏损的边缘。但是在1984年，迈克尔·艾斯纳成为迪斯尼的CEO后，迪斯尼又创下了连续14年以20%的年增长率和每年18.5%的资产回报率。2001年7月23日，迪斯尼收购了新闻集团（News Corp），控股近一半的全球福克斯家族公司（Fox Family Worldwide），这一收购计划同时使得迪斯尼获得了重要的新闻传输渠道。

90多年来，迪斯尼经过不断的发展创新，其业务由当初的电影动画片，逐渐扩展到主题公园、电视、网络以及其他娱乐等多个领域，成就了一个"巨无霸"商业帝国，形成了完整的娱乐产业链。作为美国动漫产业的代表，也作为全球文化产业的典范，它的商业模式具有代表性。迪斯尼"以快乐为中心"的核心价值观、以"轮次收入"为基点的盈利模式和本土化的发展战略铸就了其今天的成就。2015年福布斯全球品牌价值100强的排行榜上，迪斯尼排名第11位，品牌价值达346亿美元。在全球共有3 000多家授权商，销售超过10万种与迪斯尼卡通形象有关的产品。其中，皮克斯动画工作室、惊奇漫画公司、试金石电影公司、米拉麦克斯电影公司、博伟影视公司、好莱坞电影公司、ESPN（24小时专门播放体育节目的美国有限电视联播网）、ABC电视网都是迪斯尼旗下的品牌。

2 迪斯尼商业模式构成

（1）客户定位

迪斯尼以"影视制作"为核心，构建出完整的由五大业务群组成的产业链，进而满足五类客户的需求，可以赚取更多的钱。其具体流程是，一部影片制作完成后，第一步就是借助自己拥有的覆盖全球的发行网络，进行耗资巨大的强势炒作营销；第二部针对动画音像及图书消费者公开出版相应的产品；第三步在主题公园中增添与卡通片有关的形象和景点，吸引主题公园游览者；第四步授权企业生产一系列与影片中的卡通形象相关的周边产品；第五步利用大众传媒及电视播出节目。

以上不同类别的客户是可以互相转化的，如电影观众往往可能去收藏DVD，还有可能去游乐园体验一下荧屏上的环境，更有可能购买相关延伸产品。迪斯尼就是生产能够满足人们快乐需求的任何产品和服务，如影视作品、乐园、媒体网络、周边产品、餐饮、房地产等。迪斯尼由此构建了完整的文化产业链。

（2）价值主张

迪斯尼的价值主张是"世界上最快乐的地方"，不仅是儿童的天堂，也是成人的游乐场所。生产快乐，提供快乐，把快乐变成商品卖遍全世界，为消费者提供最好最特别的娱乐体验，成就了迪斯尼品牌和迪斯尼商业帝国的不朽传奇。米老鼠这一形象的创造已有80年的历史了，现在每年为迪斯尼带来上亿元的价值，从某种意义上说，正因为米老鼠风靡全球，从而缔造了整个迪斯尼王国。为什么米老鼠有如此大的影响力？一个重要的原因在于，迪斯尼对这一形象的独特创意——快乐而乐观。这是一只给全球亿万男女老少带来欢乐的老鼠。米老鼠等形象的价值还在于它帮助美国和世界人民度过了大萧条和二战后的艰难岁月，成为医治人们心灵创伤的安慰剂，它以其乐观的精神感染了世人，帮助人们看到美好，重树生活和工作的信心。沃尔特·迪斯尼如是说，"它所带给你的将全部是快乐的回忆，无论是什么时候"。的确，"欢乐等于财富"已经成了迪斯尼公司的企业文化和理念。《美国的娱乐公园——一部技术和刺激的历史》的作者朱迪·亚当斯曾写道："至善至美的迪斯尼世界已代替了《圣经》中的伊甸园，成了美国人眼中的天堂。"应该说，一切象征着人类美好愿望的事物都是迪斯尼创意的对象。

(3) 渠道通路

迪斯尼公司旗下的各种媒体产业是其重要的渠道通路，线下渠道主要有直接销售和票务代理，线上渠道主要是迪斯尼主页、电子订票系统、合作的网络平台（游戏平台、门户网站、SNS 社区、BBS 论坛等）、广告、网上公关、网上会员制、网络直接邮递等。

在传媒影视业中，目前迪斯尼公司全部或合作拥有的频道一共有67个，分布在138个国家和地区，这些频道在全世界使用29种语言播出，观众超过2亿个家庭。另外，迪斯尼内部还有6个不同的频道，分布在亚洲、欧洲、非洲、南美洲、北美洲等地。被称作迪斯尼玩具屋（play house）的低幼频道，有关于动画、电影的频道，有关于男孩子的频道，最著名最主要的是迪斯尼频道。

如在品牌宣传上，迪斯尼每次推出一部新片前，整个集团利用所有宣传渠道和共享资源，如迪斯尼电视频道、所辖 ABC 电视网、迪斯尼网站、迪斯尼乐园、迪斯尼玩具专卖店，并与其战略伙伴电影院、麦当劳和可口可乐公司等有关方面合作，进行宣传。

(4) 客户关系

客户关系成就了迪斯尼的今天。客户是千差万别的，为寻找合适的顾客和了解顾客的需求，迪斯尼建立了由公司内调查统计部、信息中心、信访部、工程部、营销部和财务部等部门系统的组织结构，各部门分工合作，共同完成客户关系管理工作。为了准确把握客户以及客户的需求，迪斯尼致力研究"客户学"。其目的是了解谁是客户，他们的起初需求是什么。在这一理念指导下,迪斯尼站在客户的角度,审视自身每一项经营决策。在调查统计部每年要开展200余项市场调查和咨询项目;营销部重点研究客户们对未来娱乐项目的期望、游玩热点和兴趣转移;信息中心存有大量关于客户需求和偏好的信息;信访部每年要收到数以万计的客户来信;工程部的责任是设计和开发新的游玩项目,并确保园区的技术服务质量;现场走访是管理上层到各娱乐项目点上直接同客户和员工交谈,以期获取第一手资料和体验客户的真实需求。迪斯尼公司认为把握客户需求动态的积极意义在于:其一,及时掌握客户的满意度、价值评价要素和及时纠偏;其二,支持迪斯尼的创新发展。正是客户需求偏好的动态变化,促进了迪斯尼数十年的创新发展。

(5) 收入来源

根据迪斯尼最新年报的数据,公司2015年总收入524亿,同比增长7%。其中拥有ESPN和迪斯尼电视频道的媒体网络业务贡献了232亿,占比44%。主题乐园贡献了161亿收入,占比30%。显然这两块业务是迪斯尼最核心的收入来源(见表1)。

表1 迪斯尼的收入构成

收入 (百万美元)	2015年	所占比重 (%)	2014年	所占比重 (%)	同比增长 (%)
媒体网络	23264	44	21152	43	10
主题公园	16162	31	15099	31	7
影视娱乐	7366	14	7278	15	1
周边产品	4499	8.6	3985	8.2	13
互动交互	1174	2.2	1299	2.7	−10
总收入	52465	约等于100	48813	约等于100	7

其中,媒体网络板块的收入来源为有线电视的收费、卫星及通讯服务以及隶属于迪斯尼国内广播电视网电视台销售的商业广告,还有其他收入,例如电视节目的发行、销售等。迪斯尼主题公园收入主要包括门票收

入、食品饮料和其他零售商品的销售,酒店客房、游轮度假套票以及度假俱乐部房产的销售及租赁。消费品板块虽然在迪斯尼总收入占比不高,但是衍生品开发的重头戏。影视娱乐业务的核心是世界著名的动画长片和真人电影业务。该部门负责包括迪斯尼、试金石、米拉麦克斯、好莱坞、皮克斯等多品牌电影全球发行、公司DVD录像带的发行,并且同时负责音乐剧、冰上世界等舞台剧的制作、发行以及迪斯尼多品牌唱片的发行。周边产品板块又可以细分为商品的授权经营、出版和零售。商品授权经营涵盖了不同的商品类型,主要类型有:玩具、服装、家居用品、家具用品、文具、饰品、健康美容、食品、鞋类及电子消费品等。互动交互产品是指通过互动媒体平台,创作发行迪斯尼品牌娱乐和生活方式的内容。互动部分主要的经营活动包括多平台游戏的制作,面向世界发行的单机游戏、手机游戏和虚拟游戏。针对游戏和移动设备的授权内容,公司其他业务的网站管理和设计,以及迪斯尼品牌在线服务的发展。

迪斯尼的盈利模式为"轮次收入模式":一部影片制作完成后,借助自己拥有的覆盖全球的发行网络获取动画电影收入;公开出版相应的电影拷贝、DVD视频产品、主题音乐、图书,获取第二轮收入;主题公园门票收入;让授权企业生产一系列与影片中卡通形象相关的周边产品,在迪斯尼连锁店等处出售,获得巨额授权费;把卡通片在自己控制的大众传媒网络上播出,或根据影片制作各类电视节目,获得巨额的广告收入。

(6) 核心资源

迪斯尼的核心资源主要是创新理念和能力、品牌、专利、动画、主题公园、媒体网络、创意团队。对创新执着追求的理念从根本上成就了迪斯尼公司。正如迪斯尼公司首席行政长官迈克尔·埃斯纳回顾公司在创业者沃特·迪斯尼之后仍然得到持续发展时所说的那样:"创造性思维为公司成长提供了所需的燃料,对新思维的执着追求是成功的金钥匙。"在此基础上精确的定位和广泛的品牌延伸构建了迪斯尼的完整产业链,开发品牌价值和整合集团资源的能力成就了今日的全球娱乐王国。迪斯尼品牌是其最有价值的资源,它在提升客户价值方面作用最大,而且其他资源要么是为创品牌服务，要么是围绕品牌开拓的新的资源，所以品牌是迪斯尼的核心资源；知识产品的专利也是迪斯尼的重要资源，作为一家文化企业，创意是其灵魂，对创意的知识产权保护是其利益回报的必然要求，也成为其为客户创造价值的关键资源；以创意为核心的文化公司的创意团队一定是非常重要的核心资源。动画和主题公园是其核心产品资源，它们直接满足客户的快乐需求，为客户和企业创造价值；媒体网络是其重要的传递客户价值的渠道通路，不仅仅对迪斯尼公司来说，其他公司也可以通过这一平台传递其客户价值信息。

（7）关键业务

迪斯尼公司的关键业务如下。

首先，迪斯尼关键流程的源头是迪斯尼的动画创意与制作，除票房外，通过发行、销售拷贝和录像带，迪斯尼赚到了第一轮收入。这一轮中，迪斯尼通过美国以及海外市场，收回数亿美元，解决了成本回收的问题。

其次是后续产品的开发，主题公园是其一，每放一部卡通片就在主题公园中增加一个新的人物，在电影和公园共同营造出的氛围中，让游客高高兴兴地去参观主题公园。主题公园创收构成其第二轮收入。

再次是品牌产品和连锁经营。迪斯尼在美国本土和全球各地授权建立了大量的迪斯尼专卖商店，通过销售各种玩具、食品、礼品等品牌产品赚进第三轮。目前，其相关消费品主要包括迪斯尼动画形象专有权的使用与出让、品牌产品的生产和销售以及相关书刊、音乐乃至游戏产品的出版发行等。这一轮收入大约占到迪斯尼40%的盈利。

最后是媒体网络。作为占比最高的收入板块，媒体网络是有自己强大的电视运营网络做基石的。媒体网络部分的业务包括广播及有线电视网、电视内容制作运营、电视发行、国内电视台和广播电台。有线电视网（Cable Networks）包括ESPN、迪斯尼频道以及ABC家庭（ABC Family），还有在印度运营的UTV/Bindass电视网。有线电视网一方面自己生产制作节目，另一方面也会购买第三方节目在迪斯尼的电视网上进行放送。迪斯尼的几个频道都是分年龄层的分众频道，从少儿到青少年再到青年。

（8）重要合作

重要合作是迪斯尼公司创造和传递客户价值的重要联盟组织。不同的业务板块其重要合作伙伴有所不同。媒体网络业务中的第三方节目供应商、广告主等，迪斯尼主题公园的各地合作伙伴（如上海迪斯尼的投资合作伙伴百联、锦江、绿地、文广、陆家嘴公司，香港迪斯尼的合作伙伴香港特区政府，东京迪斯尼的合作伙伴东方乐园公司等）；迪斯尼互动业务中迪斯尼的游戏合作伙伴手游（中）、Kabam（美）、Netmarble（韩）等；授权合作伙伴如阿里巴巴集团（迪斯尼与阿里巴巴合作在中国提供迪斯尼视界（DisneyLife）一站式数字娱乐体验）以及其渠道通路的重要合作伙伴麦当劳、可口可乐等。

（9）成本结构

迪斯尼公司为满足所有客户的快乐需求所发生的成本主要包括设计和生产产品和服务的成本、渠道开发和维护的成本、宣传推广的成本、与盟友合作的成本以及品牌塑造和延伸的成本等。

资料来源：

董文海．迪斯尼的童话传奇［J］．企业管理，2009（12）：40-43．

案例 5·使用说明

迪斯尼公司的商业模式

一、教学目的与用途

本案例是集中反映企业商业模式构成的一个典型案例。它以迪斯尼公司在发展过程中通过创新商业模式不断摆脱发展的困境为主线，展示了迪斯尼公司如何一步一步通过商业模式的不断完善，架构起完整的文化产业链，成为美国乃至全世界娱乐业的"巨无霸"，展示了迪斯尼公司的商业模式全貌及其各个组成部分的具体内容，尤其是其"轮次收入模式"构成逻辑。

本案例可用于创业管理课程，也适用于企业创新等课程。

通过此案例的展示，具体的教学目的如下：

(1) 使学生了解商业模式及其构成；

(2) 使学生了解商业模式的重要作用；

(3) 引导学生思考创业过程中如何进行商业模式设计和创新。

二、启发思考题

1. 案例中所展示的迪斯尼公司的商业模式是怎样构成的？

2. 迪斯尼公司如何最大限度地开发创意产品的价值？

三、分析思路

教师可以根据自己的教学目标（目的）来灵活使用本案例。这里提出本案例的分析思路，仅供参考。

1. 用商业模式理论将案例中的商业模式构成要素按照一定逻辑整合起来，系统地说明各个部分以及各部分与整体之间的关系。

2. 从迪斯尼创意产品品牌延伸所出现的各业务板块及收入来源等方面

展开论述。

四、理论依据及分析

1. 商业模式的概念。

商业模式是管理学的重要研究对象之一，也是创业管理研究的重要内容。商业模式在20世纪90年代开始得到关注，到目前为止，关于什么是商业模式并没有一个统一的界定，各位专家学者从自己的研究领域和角度提出了自己的观点。尽管各家观点各有千秋，但总体来说基本上围绕为客户创造价值、传递价值及为企业创造价值等方面构建系统。比较权威的观点有亚历山大·奥斯特瓦德（Alexander Osterwalder）、伊夫·皮尼厄（Yves Pignewr）的界定，即认为商业模式描述了企业如何创造价值、传递价值、获取价值的基本原理；马克·约翰逊（Mark W. Johnson）、克莱顿·克里斯滕森（Clayton M. Christensen）和孔翰宁（Henning Kagermann）的界定，即认为商业模式就是如何创造和传递客户价值和公司价值的系统。这两个界定大同小异。这里我们采取的定义是"商业模式是描述企业如何创造和传递客户价值，获取企业价值的系统"。

2. 商业模式的构成要素。

由于不同学者对商业模式的概念有不同的界定，因此，他们对商业模式的构成要素也有不同的观点。商业模式的构成要素从3个到12个不等，而且即使相关学者所识别的要素数量相同，其内容也不尽相同。鉴于研究人员对商业模式的构成要素很少达成一致，阿兹、菲兹曼和道格拉斯（Aziz, Fitzsimmons & Douglas, 2008）运用探索性因子分析（EFA）的方法，对从文献中识别出的54个商业模式构成要素进行了分析，结果得到了4个独立因子，分别命名为：利益相关者、能力、价值创造和价值获取。这里采用亚历山大·奥斯特瓦德和伊夫·皮尼厄在《商业模式新生代》一书中提出的观点，即认为商业模式包括九大模块即客户细分、价值主张、渠道通路、客户关系、收入来源、核心资源、关键业务、重要合作和成本结构。

（1）客户细分。

客户细分板块用来描述一个企业想要接触和服务的不同人群或组织。

企业必须做出合理决策，到底该服务哪些客户细分群体，该忽略哪些客户细分群体，一旦做出决策，就可以凭借对特定客户群体需求的深刻理解，设计相应的商业模式。首先，需要回答两个关键问题，一个是"我们正在为谁创造价值？"另一个是"谁是我们最重要的客户？"其次，可以根据接触客户群体的分销渠道的不同、客户群体的赢利能力、客户群体愿意为提供物（产品/服务）付费的不同方面等把客户划分为不同的类型，找到自己服务的细分客户群体，才能有针对性地提供产品和服务。

（2）价值主张。

价值主张板块用来描绘为特定细分客户群创造价值的系列产品和服务。价值主张要回答以下问题：①我们正在帮助我们的客户解决哪一类难题？②我们正在满足哪些客户需求？③我们正在提供给客户细分群体哪些系列的产品和服务？④我们该向客户传递什么样的价值？

进而可以通过以下途径来进行：①创造产品和服务的新颖性；②改善性能；③定制化；④"把事情做好"；⑤设计；⑥塑造品牌；⑦降低价格；⑧成本削减；⑨风险抑制；⑩送达新客户；⑪便利性或可用性。

（3）渠道通路。

渠道通路板块是用来描绘公司如何沟通、接触其客户细分而传递其价值主张的。渠道通路就是要回答以下问题：①通过哪些渠道可以接触我们的客户细分群体？②我们现在如何接触他们？我们的渠道如何整合？③哪些渠道最有效？哪些渠道成本效益最好？④如何把我们的渠道与客户的例行程序进行整合？

渠道通路可以是自有渠道，也可以是合作伙伴的渠道；可以是销售队伍、在线销售，也可以是自有店铺、合作店铺或批发商；可以是直接的渠道，也可以是非直接的渠道等。

（4）客户关系。

客户关系板块是用来描绘公司与特定客户细分群体建立的关系类型。客户关系是企业获得客户、维系客户、提升销售额的关键。客户关系主要解决以下问题：①每个客户细分群体希望我们与之建立和保持何种关系？

②哪些关系我们已经建立了？③已经建立的这些关系的成本如何？④如何把它们与商业模式的其余部分进行整合？

建立客户关系的方式和渠道有：①客户经理或代表；②专用个人助理；③自动化服务；④社区；⑤共同创作。

(5) 收入来源。

收入来源板块是用来描绘公司从每个客户群体中获取的现金收入。收入来源主要是要解决以下5个问题：①什么样的价值能让客户愿意付费？②他们现在付费买什么？③他们是如何付费的？④他们更愿意如何支付费用？⑤每个收入来源占总收入的比例是多少？

一般来说，企业的收入来源主要有：①资产销售；②使用收费；③订阅收费；④租赁收费；⑤授权收入；⑥经纪收费；⑦广告收入。

(6) 核心资源。

核心资源是能为客户和企业创造和传递价值的重要资源，它可以是实体资产、金融资产，也可以是知识产权或人力资源。核心资源可以是自有的，也可以是公司租借或从重要伙伴那里获得的。核心资源主要包括实体资产、知识资产、人力资源和金融资产。实体资产主要指设备、厂房、销售网点等有形的资产；知识资产主要指专利、技术、品牌、客户关系数据及合作关系等，知识经济时代知识资源已代替传统工业时代的资本成为最重要的企业生产要素，也有人称其为"知识资本"；人力资源是唯一一种具有积极性、能动性和创造性的资源，当今知识经济时代创新的重要性不言而喻，所以作为"人力+知识"复合体的人力资源成为当今企业创新最核心的要素，也成为企业为客户创造和传递价值的重要资源，比如乔布斯及其管理团队就是苹果公司的核心资源；金融资产是指金融资源或者是财务担保，比如现金、信贷额度或用来雇用关键雇员的股票期权池等。

(7) 关键业务。

关键业务是为了能够创造和传递客户价值，企业必须开展的各项活动及其组合。不同的商业模式，其客户价值不同，创造不同客户价值的关键业务也会不同，如微软公司的关键业务就是软件设计，阿里巴巴的关键业务就是平台建设、维护及交易安全保障,影视公司的关键业务是剧本开发、拍摄和推广等,公司业务正是由这些关键业务构成的,而这些关键业务紧紧围绕客户价值主张而动态调整。

(8)重要合作。

当今是一个"竞合"的时代,企业联盟是一种共赢的市场逻辑,为了在为客户创造价值方面有更卓越的表现,企业基于核心价值链、本着优势互补的原则分工合作才有可能为客户创造更大的价值。我们要弄清楚以下问题:谁是我们的重要伙伴?合作伙伴都执行哪些关键业务?我们正在从伙伴那里获取哪些核心资源?谁是我们的重要供应商?合作伙伴的合作动机是什么?合作成本是多少?合作的利益分配又是怎样的?

(9)成本结构。

成本结构是企业为客户创建价值和提供价值、维系客户关系以及产生收入所发生的成本构成。一般来说,在技术基本不变的情况下,产品或服务的功能越多其成本会越高,所以在为客户所提供的利益一定的条件下,成本越低,客户价值越大。成本结构可以根据客户价值主张动态地调整,比如在当前金融危机带来的人们收入大幅减少的情况下,为减少支出,客户削减对一些产品和服务的非必要的价值主张,保留最核心的价值主张,所以就出现了"不提供非必要服务"的航空公司、酒店等低成本结构类型的商业模式。

上述这9个商业模式板块就是亚历山大·奥斯特瓦德和伊夫·皮尼厄所提出的组成构建商业模式的便捷工具——商业模式画布(Business Model Canvas)。该画布形象地对商业模式进行了要素分割,描述了公司应为客户提供的价值以及产生可持续盈利收入的各种要素关系。

五、关键要点

1. 商业模式的构成;
2. 创意产品盈利模式构建。

六、建议分析路线

1. 本案例的教学对象为没有任何企业经验的本科生，要求他们在给出案例的基础上，围绕案例的内容收集及与此相关的资料，深入分析商业模式是如何一步一步构成和完善的。

2. 组织学生分组讨论迪斯尼商业模式的各个构成要素。

3. 可以伴随讨论的不断深入，根据学生对问题的分析程度，再增加一些相关的假设条件，从而提高对问题分析的复杂程度和对案例讨论的灵活性。也可以引导学生考虑，在不同的假设条件下还有哪些方式、方法、措施和手段可以选择。

4. 如果时间充足的话，可以让学生结合以前学习过的相关内容，扩展思路，对同行业中成功和失败企业的经验教训进行分析，进一步加深对商业模式构建的认识。

5. 最后，在结合各组讨论意见的基础上，老师提出供学生参考的观点，并进一步提出深入思考性的问题，为后续课程的讲授做好铺垫。

七、建议课堂计划

本案例可以作为专门的案例讨论课来进行。如下是按照时间进度提供的课堂计划。

计划建议，仅供参考。

整个案例课的课堂时间控制在 80~90 分钟。

课前计划：提出启发思考题，请学员在课前完成阅读和初步思考。

课中计划：简要的课堂前言，明确主题（2~5 分钟）；

分组讨论，告知发言要求（30 分钟）；

小组发言（每组 5 分钟，控制在 30 分钟）；

引导全班进一步讨论并进行归纳总结（15~20 分钟）。

课后计划：如有必要，请学员采用报告形式给出更加具体的解决方案，为后续章节内容做好铺垫。

■ 案例 6·正文

大米小龙侠的创业故事

【摘　要】本案例描述了一位创业者创办一个盒饭外卖企业和品牌的全过程。案例集中表现了创业计划及其实施，以及贯穿其中的创新创意。

【关键词】创业计划；创业实施；创新创意

0　引言

近几年，OTO（Online To Offline，线上到线下）餐饮的异常火爆吸引了大量的眼球，并迅速使得盒饭外卖行业成为一片红海。"如何做好一个盒饭外卖"成为正在"红海"中苦苦挣扎的以及那些跃跃欲试也想加入分一杯羹行列的各方所关心的问题。杨先生在网上分享了他在长沙创办和经营"大米小龙侠"的故事。以下是他的自述。

1　背景

我今年30岁，大一读了三个月就主动退学回老家创业，具体原因在此不表，反正就是家里条件一般想减轻负担、爱上了生命中最重要的女人（现在是我老婆）一类的故事。回老家的这几年，先后卖过手机，开过冷饮店，摆过地摊，去广州进仿冒a货（与正品非常接近的仿货）男装回来倒腾，几年下来亏亏赚赚攒了十多万，2006年赶上股票行情不错，进去翻了个滚马上退了出来。接下来也算挺顺利，遇上了贵人老板，待我如己出，进入了房地产开发行业。

虽然这两年地产行业整体不好做，但我还是稳步发展，名下有一家贸易公司，一家装饰公司，一家广告公司，以及在老板的地产公司当负责人，股票2015年也小赚了一笔，日子很是惬意，衣食无忧。

但终究自己是个年轻人，每天都在琢磨着开辟新的事业，毕竟手下几十号伙计，有好几个都是我从小到大的好同学，压力也挺大，地产不好做，也想转型。

2 缘起

有一天我在办公室炒股，有个朋友到公司来喝茶聊天，他说上海有个做盖饭的生意很火，是用小龙虾的虾尾盖在米饭上，很有商机。当时我没在意，他坐了半个小时就走了。

收盘后，我突然开始琢磨这个事，我跟我公司的总经理（也是我死党）开始讨论可行性，越聊越觉得可以做，于是我马上把我另一个朋友叫了过来，他做了8年的大排档，口味虾味道很棒，因为政府不让摆消夜，所以正在待业中。

从下午3点聊到晚上7点，第一份实验的小龙虾盖饭就摆在我面前了。

3 说干就干

当晚我决定做这门生意，2015年7月31日。

然后就是品牌形象设定，因为我和我的总经理是学设计的，所以这部分的工作由自己亲自操刀。我以前是文学社的社长，文案也自己写算了。

咨询了一下帮我楼盘做微信营销的公司，费用太高，所以微信公众号和客服号也自己弄得了。

租了个30平方米的小户型做厨房，月租金1 500元，押金2 000元，还能接受，增加了两个排风扇以及购置厨房用品和调料大概1.1万元，买了两台电动车，最便宜的那种，带脚蹬，没电可以踩回来。

然后是餐盒、筷子、外卖包、开业活动等的筹备工作，都是几个伙伴加夜班想早点开卖，截止到开业前一天，总投资大约4万元。

因为我一直担心的问题是,如果在开业前有人先你一步在本地做这个小龙虾盖饭,那我们就白忙活了,我一定要第一个在本地推出。

17天时间,8月17日,正式营业,只做外卖,请了一个客服接电话和微信,临时聘了两个摩的,100元一天,加上合伙的几个兄弟,能有8个人送,厨房请了三个剥虾壳的,一个打荷,一个装盒,基本能开门做生意了。

只有一款盖饭,卖38元一份,里面有30多只虾尾,管饱,送一份凉菜,活动期间送一瓶依云矿泉水,提升品牌形象,借力。

8月16日中午12点,我们在朋友圈开始发布预订海报和一个花了280元制作的H5动画,标题:"什么样的盖饭,才能打动你的胃?"

可以预订第二天开业的盖饭,全城免运费,一份起送,这个一份起送我是有想法的,后面再详细说明。

16日中午一直到17日凌晨3点,还在接单,顺便说明一下,因为几个合伙人在本地的人际关系网不错,所以很多朋友在帮忙转发。

我们知道,这个事,火了。

第二天把家里亲戚全部叫了过来帮忙剥虾,早上四点又临时调了800斤虾,因为预订量远远超出我们的预计,原打算当天能卖100份就不错了,结果16日下午,预定到500份的时候,我马上和总经理做了一张模仿电商的数据海报发到了朋友圈,这个访问数据是当时H5(H5是指第5代HTML,也指用H5语言制作的一切数字产品。所谓HTML是"超文本标记语言"的英文缩写)的制作单位告诉我的,我加了20%的水分在里面,这个大家应该是可以理解的。

然后,就是痛苦的一天,把所有人忙吐了。

开业第二天,我们采取了限量策略,这也是我计划的第二步。

为什么要限量,我有四个考虑。

第一:营业的第一天,不能代表真实的日常销量,毕竟朋友比较多,很多是捧场的,一次就点10份20份,也就这一次而已。

第二:虾的口味还不够完美,因为想第一时间抢上线,所以开业前试过盖饭的人不多，我还需要时间来调整。

第三：不用多说，饥饿营销。

第四：也是最重要的，厨房人手不够，订单多了出不了货，没法按时送达，顾客体验差，不如不卖。

综合考虑后，便开始限量销售，进入调整阶段，同时也在每天接受顾客的反馈，好评和差评都有，但总的来说，第一炮打响了，口碑持续发酵中，每天微信增加的粉丝最少都有七八十个，营业额也在逐步提高。

4 趁热打铁

接下来的十天，我和几个伙伴做了两件重要的事。

第一件事，是改变了小龙虾盖饭的制作方法，这里牵涉到商业机密，就不仔细说明。

第二件事，我花了8 000块拍了个宣传片：大米小龙侠超赞宣传片。宣传片选择在周一上午十点放出来，效果很棒，瞬间又把朋友圈刷了屏，那几天的粉丝数大增。

为什么要拍一个宣传片，也是有几个想法：

（1）我想要在未购买过我们品牌盖饭的目标人群中，自发地抛出一个疑问：一个卖盒饭的，有什么本事能拍一个广告片？

（2）基于第一点，可以快速将我们的品牌与本地的××盖饭、×××煨汤盖码、×××家常盖码饭等这些味道不差、有门店也能送外卖的小店隔离开来，让有效粉丝心中的定位拉高N个级别，38元吃的不是路边小店，吃的是一个用心经营美味盖饭的品牌。插一下关于之前我提到的一份起送的问题，我的具体实施方法是这样的：开业的前20天，我坚持一份起送的概念，全城都送，最远的真是远到不可想象，差不多40公里。为什么我要这样做，因为我要让顾客吃到我的盖饭，尝到美味的小龙虾。体验过后，才是消费，如果一开始就坚持所有的成本考虑，这门生意就很难做，一份饭的毛利是摆在那里的，除了虾的采购成本有变化，其余是不变的，然后再是人工、水电、损耗。在前20天，我的要求很简单，每份饭不亏本，多远都送，我要让有想法尝试我们盖饭的顾客全部吃一遍。目的是什么？

第一个目的，是我在9月底，正式开始要求起送份量，超出范围都有份数要求，相当于消费到一定金额才能送，吃过的顾客是一定会再次消费，有份数要求也不会在乎了，这是对产品有信心，才敢这样做，事实证明我没有错，营业额不减反而一直在增加。

第二个目的，是为了以后开外卖点做准备，蓄积潜在客户，通过长时间的数据分析，能够知道哪些区域哪些楼盘有大量的潜在消费人群，因为距离太远而无法经常点餐，那是我以后要开外卖点的直接目标。

9月，第一家美食平台找到了我，希望可以采访一下并做个推荐，叫新浪鲜城，专门做本地美食推荐的，当时做完之后，效果确实很不错，第一次感受到了媒体的魅力。

接着就被媒体和美食平台轮番轰炸般报道了，什么都市频道、公共频道、电台美食团，当地的美食推荐还上了新浪首页，那段时间非常忙碌，生意很火，我们累得心甘情愿，在此我再次感谢所有支持与报道过我们的这些媒体朋友，没有你们也没有今天的我们。

新浪首页，我们觉得值得骄傲的截图，虽然对于很多人来说这不算什么，而且好像不同城市的也看不到，但我们只用了1个月时间做到这些事，心里也挺欣慰的。

我再说一下我们的盖饭品种。

开业20天左右，我开始研究增加盖饭的品种，因为心里很清楚，如果永远只卖小龙虾盖饭，永远只是模仿上海那家，估计撑不到半年就死定了。

所以开发新品种一直是我的心头大事，经过反复的研究和试菜，第二款盖饭终于面世。

名字和文案都是我自己写的，可能不太严谨和完美，但不仔细考究应该没有大问题，所以直接推出了市场，效果不错，所有的盖饭我们都用传奇系列来命名，让产品显得更加厚重。

跟着我和我好友确认了我们品牌的发展方向和定位："致力于打造绿色外卖文化传奇品牌",再次向顾客确认我们的品牌形象和想做的事。

跟着,我又做了两件事:

第一件事:更换品牌形象。之前的 Logo 有人提醒我,说这个图网上有模版,应该是帮你们画 Logo(公司或机构的标识、标志、徽标)的人忽悠了你们。后来我到网上仔细找了找,果然是被骗了,果断决定换新形象。

新的 Logo 图形的作者是微博红人画家豪爷帮我画的,著作权归他所有,所有权及使用权为我所有。我非常喜欢。

第二件事:因为我们一直采取赠送饮料的方式,之前送过韩国芒果汁、果粒橙,后来通过一个朋友介绍和洽谈,我们决定采用"果秀"这个品牌进行合作,每份盖饭都搭配果秀为我们定制的果杯,关于为什么果秀能接受我们的要求为我们定制,一方面是商务谈判的技巧,另一方面也足以证明我们在本地已经有一定知名度,不然凭什么让一个年销售 8 个亿的企业为我们定制?

关于内部的管理,以及送餐部门的培训,我会找时间详细说一说,我先把整个营销和包装的思路说完,下面继续放大招。

10 月,我们又推出了一款新品。

说明一下,小龙虾盖饭的定价是 38 元,这个价格是参照上海那家的标准来定位的,然后第二款鲍鱼君盖饭我特意定价为 55 元,价格高一点,但其实压到 50 左右也差不多能卖,但我故意留下一档 40 至 50 元的选择区间,是为了推出一款牛魔腩盖饭,说实话,38 元和 55 元的毛利都不高,48 元的牛腩饭恰好能弥补上下的毛利差,而且我选择使用本地特产的野生菌,一是本地人喜爱吃,二是大家都知道这个菌不便宜,三是因为我反复试菜的过程中,选择了 10 多款菌类来搭配牛腩,发现只有这个野菌才能与牛腩浑然天成地结合入味。

38 元和 55 元,小龙虾吃过很多次,鲍鱼饭好像有点小奢侈,48 元的牛腩饭配野生鲜菌,价格也算合理,就是它了!

截止到小年放假为止,牛腩饭日均点单率基本与小龙虾持平,很棒的一个单品。

11月，UBER（优步）找到我，想要与我们合作做一期活动，这个活动我了解了一下，是他们的团队在全国每个城市寻找优质商家进行赞助，免费赠送给乘车的顾客，本来我心里有点小不乐意，因为要免费送100份盖饭，可是一想到毕竟是跟国际接了一下轨，提升了档次，瞬间豁然开朗。

UBER找我们合作时，正好赶上我们更换新包装盒，说到盒子，可以仔细聊聊。

这是我们经过N次的选择和试验后选择的饭盒。

这个款的盒子不算多见，多数商家没有采用可能是成本上的考虑。不漏油，塑料是出口的品质，可以进微波炉，重要的是上面的圆形面可以做文章。我们采用这个款之后，基本上把这个厂家的销量直线提升，起码是我们这个城市的销量。自从我们使用了这个餐盒以后，很多人开始模仿我们，厂家有次也打电话跟我说，好奇怪："自从你们找我们订餐盒后，你们地区的销量从一年都没几单，变成突然很多店找我们订购。"当时我本来想说要不我签个合同垄断一下算了，因为很多人在学我们一模一样的款式让我也头疼，如果味道不好体验不好会间接影响我们，毕竟刚刚起步。可是觉得对厂家不太公平，有生意谁不想做呢？

在这里我再说明一下，写这个经历，并不是炫耀我自己的财富和这个项目有多成功，只是想分享给大家关于一个从未尝试过餐饮和外卖生意的行外人，进入这个行业会遇到什么样的问题，也许我算比较幸运的，起码有一定的经济实力，但从无到有的过程中，我是全程参与的，希望我今天所写的能够给大家一点启发或者帮助。如果有朋友想通过这篇文章模仿我的品牌，我只想说希望你们是借鉴和参考，而不是照抄，因为灵魂无法复制，创造才能属于自己，再次谢谢大家。

资料来源：

http://www.360doc.com/content/16/0216/04/3220376_534911114.shtml.

■ 案例 6·使用说明

大米小龙侠的创业故事

一、教学目的与用途

本案例是集中反映创业计划及其实施的一个教学案例。虽然该创业计划并没有采用正式的书面创业计划书的形式，但计划之缜密、实施之到位、创意之频现，不失为一个精彩的、接地气的教学案例。

本案例可用于创业管理课程，也可用于管理学课程。

通过本案例的展示，具体的教学目的如下：

（1）使学生感悟丰富的创业经验和敏锐的创业警觉对于识别和把握创业机会的重要性；

（2）使学生了解创业计划、创新创意尤其是实施计划的超强行动力对于创业成功的意义。

二、启发思考题

1. 创业机会识别的影响因素通常都有哪些？本案例中影响该创业者识别盒饭外卖创业机会的主要因素有哪些？

2. 该创业者似乎是在没有一个详细而完备的书面创业计划书的情况下就开业了，这是否鲁莽和仓促？

3. 在盒饭外卖这个红海市场里，大米小龙侠能够快速爆红，你认为关键原因是什么？

三、分析思路

教师可以根据自己的教学目标来灵活使用本案例。这里提出本案例的

分析思路,仅供参考。

1. 从影响机会识别的因素的角度分析为什么这个创业机会被该创业者所识别;

2. 从注重实质性内容(而非书面形式)的角度分析该创业计划的优劣;

3. 从产品品质、创新创意、营销推广、品牌建设等方面(可以结合需求的结构和特性)分析大米小龙侠迅速爆红的原因。

四、理论依据及分析

(一) 创业机会识别的影响因素

创业机会识别的影响因素主要包括:创业者、社会网络及创业环境。

1. 创业者。

在创业机会识别中个人差异(Individual Differences)包括如下基本特征:警觉性、个人基本特质、先验知识、认知学习能力和资源禀赋等因素。

(1) 警觉性。科兹纳(Kirzner)在1973年第一个提出创业者警觉性对机会识别的影响,认为机会的发现是创业的核心问题,创业者利用经济波动,靠自己对事物的了解和识别能力(他人不具备的)发现并开发商业机会。雷伊和卡多佐(Ray & Cardozo, 1996)定义这种警觉性为创业者对(外部环境中)事物变化的信息、人们行为模式的一种倾向性和敏感性。已有的研究认为,机会识别就是洞察那些具有潜在商业价值的初始创意,要求创业者必须具有警觉性和洞察潜在商机的意识,并且创业警觉性与机会认知的能力成正比。

(2) 个人基本特质。个人基本特质包括创业者的背景(如性别、年龄、受教育程度、民族、家庭成长环境等)及潜质方面的特征(如创造性、风险感知能力等)。葛(Keh, 2002)的实证研究中认为机会评价与创业者的风险感知显著相关,而创业者的风险感知又取决于创业者的自信心、不依赖计划、渴求控制等因素。文斯洛和所罗门(Winslow &

Solomon, 1993)认为创造性和创业之间存在很大的关联性。Kay（1986）的研究结论证明创造性在创业者做决定的过程中起到了重要的作用。希尔斯（Hills, 1997）发现90%的研究都证明，创造性在创业者的机会识别过程中具有重要作用。

（3）先验知识。肖恩和文卡塔拉曼（Shane & Venkataraman, 2000）通过对创业者的特质研究，认为个人的先验知识和对信息的处理能力对其识别机会能力而言具有重要性。肖恩（Shane, 1999）将先验知识分为三种类型：对于市场的先验知识、对于服务市场方式的先验知识以及对于顾客问题的先验知识，而此三者对于机会之发现皆有重要影响。

（4）认知学习能力。机会识别是一个动态的过程，而机会认知是机会识别的首个步骤，机会认知就是感知和认识到机会。从而机会可能由模糊到清晰，由初始的发现到创业的决策，也是学习的过程，即机会的认知识别过程。社会认知理论学派的班杜拉（Bandura）认为，人类不仅从直接经验中学习，也能通过模仿他人来学习。他认为通过学习他人的创业行为更有益于个人进行创业活动。班杜拉（1986）解释导师或许起到模范的作用，这是一种通过观察他人的行为方式学习的途径。创业者可以从导师（或创业模范）那里学习相关创业行为。

（5）资源禀赋。资源禀赋指创业者在创业时期所拥有的资源。学术界将创业者的资源禀赋一般分为人力资本、物质资本、技术资本、金融资本和社会资本等方面。其中，人力资本指创业者个体所拥有的知识、智慧、判断力、洞察力、理解力、价值观和信念。物质资本指创业者所拥有的有形资产。技术资本指创业者所拥有的生产经验和各种工艺、操作方法与技能。金融资本指创业者所能够利用的所有不同来源的货币。社会资本指创业者的社会网络联系以及网络中流动着的资源。

2. 社会网络。

社会网络被界定为"特定的个人之间的一组独特的联系"。创业者的个人社会网络是产生创办新企业思路和影响机会识别的关键因素。社会境遇和网络在机会识别中是极为重要的因素。创业者的个人社会网络被称为

"最重要的公司资源",而在创业者和其网络成员接触中的碰撞经常成为新的创业思路的来源。创业者的社会网络能扩大信息的来源渠道并产生更多的创业思路和机会。社会网络还被认为可以扩大知识的边界,而这种知识可能直接形成机会。

希尔斯(1997)研究报告实证了50%的创业者通过他们社会网络中的其他人识别创业机会。社会网络理论指出,从个人的社会网络所获得的资源严重影响创业启动阶段的决策行为。那哈皮特和高斯考(Nahapiet & Ghoskal, 1998)发展了社会资本的观点,提出网络的联系提供了资源和信息的潜在性或者可获得性,这一点对企业形成至关重要。

研究认为,利用社会网络资源获悉创业机会的创业者将比那些单独的创业者识别出更多的机会,较为孤立的创业者和拥有广泛的社会网络的创业者在机会识别方面存在显著性差异。雷诺兹(Reynolds, 1991)、伯特(Burt, 1992)指出,在创业机会识别中偶然的非正式网络是非常重要的。

3. 创业环境。

已有研究成果认为,机会识别是一个受许多环境因素影响的过程,如外界环境中情景因素、大部分重要资源的可用性及个体的创新性等。史蒂文森和冈伯特(Stevenson & Gumpert, 1985)描述了影响机会识别的四个环境维度:技术、市场、社会价值和政府的政策法规。

(二)顾客需求的结构和特性

创业计划及实施能否在实质上适应顾客需求的结构和特性,从根本上直接影响着创业能否成功。

大量调查的结果表明,顾客需求的基本结构大致有以下四种:①品质需求:包括性能、适用性、使用寿命、可靠性、安全性、经济性和美学(外观)等;②功能需求:包括主导功能、辅助功能和兼容功能等;③外延需求:包括服务需求、心理需求及文化需求等;④价格需求:包括价位、价值比和价格弹性等。了解顾客需求的结构,对于识别顾客的需求是必需的。

卡诺(Kano)教授将顾客的需求分为必备需求、单向需求和吸引需求三类。不同类型的需求具有不同的特性，表现在不同的需求随着满足程度的变化，其带来的满意度变化的程度却并不同步。

必备需求是顾客对企业提供的产品或服务因素的基本要求，是企业为顾客提供的承诺性利益。如果这些要求没有得到满足，顾客将会非常不满意。相反，如果这些要求得到了满足，顾客也不会因此产生更高的满意度。这种顾客必备需求的满足仅仅使顾客产生"没有不满意"的感觉，但又是不可缺少的。比如对飞行安全的需要。

单向需求是指顾客的满意状况与需求的满足程度成比例关系的需求，是企业为顾客提供的变动性利益，如价格折扣。企业提供的产品或服务水平超出顾客期望越多，顾客的满意状况越好，反之亦然。产品的性价比就是单向需求的例子。产品的性价比越高，顾客就越满意；相反，顾客就越不满意。

吸引需求是指既不会被顾客明确表达出来，也不会被顾客过分期望的需求，是企业为客户提供的非承诺性利益。但吸引需求对顾客满意状况具有很强的正面影响。具有这类需求特征的产品或服务因素一旦得到满足，将会对顾客的满意状况产生超比例的提升；相反，即使没有满足顾客的这类需求，顾客的满意状况也不会明显下降。例如，产品的全新功能可能超出了顾客的预期而给顾客带来超值的欣喜感。

注意到这些需求满足程度和顾客满意程度不同步变化的特性，创业者可以在产品生命周期的不同阶段，分别突出不同的需求属性，以提高和保持顾客的满意度，增加创业成功的概率。

对于一种导入期的产品类别而言，产品的大多数属性并不被顾客所了解，这时产品的功能利益往往能给顾客带来一些惊喜，产品的大多数属性是吸引需求属性；导入期的顾客对价格敏感度不高，但是对产品和服务的质量，对方便性要求很高。当产品类别处于成长期时，部分基本的产品功能逐步变成必备需求属性，另一些则变成单向需求属性，与此同时，大量的新功能加入产品成为新的吸引需求属性；当产品类别处于成熟和衰退期时，人们进行产品功能属性的开发难度越来越大，开发的热情也越来越低，这时产品的吸引需求属性越来越少，必备需求属性越来越多，最终形成了稳定的竞争环境。

五、关键要点

1. 创业机会的识别；
2. 创业计划及实施；
3. 创新创意。

六、建议分析路线

1. 组织学生分组进行讨论；
2. 分组阐述讨论结果并接受其他小组的质询和质疑；
3. 鼓励小组之间不同意见的交锋和辩论；
4. 教师给出总结和自己的意见（申明并非标准答案）；
5. 鼓励学生提出完善该创业计划书的建议。

七、建议课堂计划

本案例可以用在专门的案例讨论课。以下是按照时间进度提供的课堂计划建议，仅供参考。

整个案例课的课堂时间控制在 80~90 分钟。

课前计划：提出启发思考题，请学生在课前完成阅读和初步思考。

课中计划：简要的课堂前言，明确主题（2~5 分钟）；

分组讨论（10~20 分钟）；

小组发言（每组 3 分钟，控制在 20 分钟）；

引导全班进一步讨论，并归纳总结（40 分钟左右）。

课后计划：各小组提出大米小龙侠持续经营和进一步发展的建议。

■ 案例 7·正文

任正非的苦难人生和创业经历[1]

【摘　要】本案例描述了华为创始人任正非苦难的人生经历及创业前期的工作经历，详述了这些经历对他后来创业、经营企业的影响，以及对他形成独特企业家特质的影响。

【关键词】苦难人生；创业者；企业家特质

0　引言

知乎上一位自称来自华为内部的大咖这样评价任正非："从来不接受采访，是个糖尿病患者但是不太配合治疗，非常节俭，超级爱读书。"对此句评价，有几十个人点赞表示认可。

任正非本人对自己和华为并不乏描述。"华为二十几年的炼狱，只有我们自己及家人才能体会。这不是每周工作40个小时能完成的，我记得华为初创时期，我每天工作16小时以上，自己没有房子，吃住都在办公室，从来没有节假日……"这是任正非对华为成功的总结，他将眼前的成绩归结为苦难的累积。

此外，他多次表现出对做企业界领袖和背成功包袱的反感："不要总想到做领袖的光荣，不要去背上这个沉重的口号和包袱，荣誉对于我们来说是没有用的。"

---

[1] 由于企业保密的要求，在本案例中对有关名称、数据做了必要的掩饰性处理。本案例资料主要来自互联网、学者著作、任正非内部讲稿、培训资料（华为人力资源管理），是对二手资料的整理、改编。本案例无意暗示或说明某种管理行为是否有效。

在 2016 年的一次高管和员工对话会上，任正非非常直接地批评了一位员工提出的"华为作为中国公司领袖"的观点，他说："你说未来有一个中国公司领导世界，我相信那一定不会是华为，因为华为是全球化公司，不是一个中国公司。为什么有这么狭隘的荣誉感呢？"

从上面三个片段中，我们似乎感受到了任正非的思想已经超越了成功、超越了荣誉、超越了狭隘的民族主义。客观地说，如果我们想对这一切找到答案，追溯一切的源头必须从追踪任正非的成长开始。

1 背景信息

华为是一家中国商业历史上从来没有出现过的一种公司形态，共产主义的财富分配体制、资本主义的价值内核、传统文化的家国情怀和基督徒般的殉道价值观，多种文化的多元交融，让华为这个组织在平凡中孕育着独特的魅力。

1998 年 3 月，华为通过的《华为基本法》树立了华为"法治文化"的治理精神，也堵住了教条化和世俗化的倒退之门。

2011 年 12 月，任正非在华为内部论坛发布了《一江春水向东流》这篇文章，透露了华为的人人股份制，这个让所有华为人公平拥有的财富机制。

2013 年 1 月 14 日，华为公司在深圳坂田基地召开了"董事会自律宣言宣誓"大会，华为总裁任正非与华为其他十余位高管一起，面向华为全球的几百位中高级管理者做出了自律宣言，奠定了华为民主的顶层设计。

2 苦难的人生经历

任正非，1944 年 10 月 25 日出生于贵州省安顺地区镇宁县，毕业于重庆大学，毕业后参军从事军事科技研发，他的技术成就曾获得全军技术成果一等奖，1978 年他参加过全国科技大会，是年轻人中的技术尖子。1988 年在深圳创建华为，之后势如破竹。这一切的背景是他从艰难的生活中走出来的。

创新创业管理 案例

任正非在2001年那篇最著名的《我的父亲母亲》的文章中曾经这样介绍过自己的家庭："爸爸穿着土改工作队的棉衣，随解放军剿匪部队一同进入贵州少数民族山区去筹建一所民族中学。一头扎进去就是几十年，他培养的学生不少成为党和国家的高级干部，而父亲还是那么位卑言微。"

"妈妈其实只有高中文化程度，她要陪伴父亲，忍受各种屈辱，成为父亲的挡风墙，又要照顾我们兄妹七人，放下粉笔就要和煤球为伍，买菜、做饭、洗衣……父母虽然较早参加革命，但他们的非无产阶级血统，要融入无产阶级的革命队伍，取得信任，并不是一件容易的事情。"

任正非怀着极大的愧疚和痛苦的心情追忆去世的母亲，从这段叙述中我们可以清晰地感受到他所出生的知识分子家庭，但一家人坎坷地游走于社会的边缘，诚实守信但无法得到认可的苦闷。

"父母去世后，我请同学去帮助复印父母的档案，同学们看了父母向党交心的材料，都被他们的真情感动得泪流满面。终其一生，他们都是追随革命的，不一定算得上中坚分子，但无愧于党和人民。"

任正非的家庭由于出身和品格一直伴随着苦难和痛苦，这种贫困的程度虽然是那个时代比较普遍的社会现象，但是灵魂和肉体同时的折磨也已经是时代的极致。

苦难到什么程度？

"我上大学时妈妈一次送我两件衬衣，我真想哭，因为，我有了，弟妹们就会更难了。我们家放粮食的柜子一直是敞开的，父母给予我们极大的信任，但是我从来没有偷偷从里面抓粮食吃，如果当时我偷吃了，弟弟妹妹可能有人会饿死。"

就是这样严酷的家庭环境，锻造了任正非作为企业家坚韧的性格，克制和慈悲的心灵。❶

3　独特的企业家特质

家庭对任正非性格的形成产生了极大的影响，有理由相信任正非的企

---

❶　http://pit.ifeng.com/a/20160729/49685149_0.shtml.

业家特质主要是在苦难的生活经历中完成了塑造,而这些必然深刻地影响着华为,以下几点我们可以清晰地看到任正非的品格融入华为的轨迹。

心底无私:在华为的发展中,任正非通过内部的持股计划,已经将个人股份降低到1.4%,对于万亿市值的企业来说,他持有的财富非常少。他回忆自己的"不自私"基因曾经说:"我的不自私也是从父母身上学到的,华为今天这么成功,与我不自私有一点关系。"应该说儿时的贫瘠让任正非对财富和占有有着独特的看法和观点。"1997年中国的高等教育制度改革,开始向学生收费,而配套的助学贷款又没跟上,华为集团向教育部捐献了2 500万元寒门学子基金。"他很少讲述自己的慈善行为。

学无止境:任正非在大学时期就酷爱学习,自学了电子计算机、数字技术、自动控制、逻辑、哲学,还有三门外语,进入部队之后又投入到技术钻研上。因为其上进好学,有多项技术发明创造,两次填补国家空白,在技术方面的多次突破,被选为军方代表,33岁到北京参加全国科学大会。一位华为负责任正非思想传播的负责人对此举了两个例子,任正非在高层的会议上多次讲述热力学第二定理中"熵"的概念,以及在信息学"信息熵"的应用,在内部邮件中多次提出过类似于"熵"理论的"耗散"思维。另外,"我多次看到他如获至宝地拿到批评华为的好文章反复阅读。平时如果他自己有了什么好的想法,就第一时间写下来,然后让秘书录入到电脑里,最后他再修改,用最快的速度将学习到的知识传递给公司所有人。"从某种程度上来说,任正非的学习能力实际上是公司成长的一把尺子,学习——写作——传播——反馈,他用这样的循环通过思想管道管理着公司里的文化和价值观。从学习的思想根源上,任正非举了父亲曾经说过的一句话:"记住知识就是力量,别人不学,你要学,不要随大流。"或许从他的成长轨迹中"学习就是救赎",所以70岁的任正非依然酷爱学习。

淡泊名利:或许由于任正非作为私营企业家的警醒,也是多次公司游离在毁灭边缘的心有余悸,任正非不太愿意做一些沽名钓誉的表面文章,从他从来没有参加过全国任何颁奖典礼就可以很好地说明。另外,他不太喜欢和权贵有深度的交集，仅维持在与最高层有限的沟通和公关，在他看来，作为拥有如此巨大财富的民营企业，"淡泊名利"是明哲保身最好的方法。甚至华为高层透露，任正非曾经指示财务部门务必每年保持税收贡献的增长，一定要把国家给的出口退税还回去，这被广泛解读为保持华为的长期独立性和安全的大智慧。从他的成长中，我们可以看到在改革开放前长期的努力得不到回报，而之后则是奖状荣誉纷至沓来，这样的对比让他形成了超越荣辱的性格特质，他的淡泊名利也包括策略性的务实。

低调内敛：更多人认为任正非低调的表象是很少接受媒体采访，但他自己并不这样看。"我一贯不是一个低调的人，否则不可能鼓动十几万华为人。我平时在家都和家里读书的小孩子一起疯，他们经常和我聊天，我很乐意夸夸其谈，我并不是媒体描述的低调的人。"客观上分析他和媒体的沟通轨迹，几乎都是在公司遇到最大挑战的时候，目的清楚地通过媒体平台进行呼救和与高层公关，包括2002年公司在IT泡沫破灭后3G迟迟不能推出之前主动接受新华社采访对管理层呼救喊话，也包括2013年对海外媒体关于美国市场准入限制的发言。在2016年科技大会的讲话，以及对新华社高调的讨论为何不上市的话题，都是在大环境发生了挑战和逆转风险时刻的预防式危机公关，作为一个掌控超级国际化航母的掌舵人，任正非的低调是策略，高调则一定有重要的战略性目的。在这点上，任并没有什么独特的偏好和陈规，"低调内敛"是极其务实的理性选择。

边界意识：任正非对中国社会的看法是非常深刻和清醒的，他多次提醒高层注意边界意识，这种"边界"不仅包括对业务中"上不碰内容，下不碰数据"客户层面的警示，也包括对华为组织超越政治的清醒认识，他多次提醒："每个员工都要把精力用到本职工作上去，只有本职工作做好了才能为你带来更大的效益。国家的事由国家管，政府的事由政府管，社会的事由社会管。"实际上，任正非对中国政治走向具备极其敏感的认知，他很清醒地认知华为在国企夹缝中的生存之道——既需要"红色意识"，也需要"边界意识"，最核心的则是超越民族性的"全球化思维"。在最近多次发言中，他清晰地确认对美国国内法的遵守，对美国政府喊话。由此，他一直巧妙地捍卫着华为的国际化公司战略定位，并且呵护国内社会对华为民族企业的认知，但保留极强的边界意识。

奋斗文化：任正非提到考察日本过程中的感慨，以及2001年写作的《北国之春》这篇文章中提及——数百次听过《北国之春》，每一次都热泪盈眶，都为其朴实无华的歌词所震撼。"什么叫成功？是像日本那些企业那样，经九死一生还能好好地活着，这才是真正的成功。华为没有成功，只是在成长。"任正非也多次在华为提出"以奋斗者为本"的文化，这从某种程度上不仅具备毛泽东式的国家主义情怀，也具备邓小平式的鲜明时代特征，更多的是一种任正非强烈的自我暗示和激励。

政治敏感：分析任正非的行为中，有一点是确认的——他的整个70年的命运，和国家命运以及政治气候息息相关，由于这样紧密的关系，他在政治的思考上完全超越这个时代的企业家。有这样一段叙述："'文革'对国家是一场灾难，但对我们是一次人生的洗礼，使我政治上成熟起来，不再是单纯的一个书呆子。"有过"文革"惨痛经历的任正非具备高度的政治敏锐性，第一是政治亲近度，华为应该是和政府保持距离的企业中受到政府认可程度最高的；第二是政治距离感，华为是最早解决地方分公司经理和当地运营商、客户腐败勾结问题的通信设备厂家。任正非极其克制和清醒地保持着一个企业家对"市场的信仰"和对政治的"防备心理"。这种心理表达得非常理性和平易，更多的以爱国主义和科技主义的角度表达出来，但从更长的时间维度看，用国际化视野"讲政治"也是任正非摆脱历史周期律最重要的方式。实际上，目前外部对华为爱国主义的渲染都不是来自华为内部。❶

4　坚持自我批判

华为的口号是"世界上只有善于自我批判的公司才能存活下来"，所以从任正非开始，华为人都在跟随自己的创始人坚持这一点。任正非更是自我批判的坚定倡导者。他说，我们要清醒地认识到我们的错误，批判我

---

❶ 黄卫伟：《以客户为中心：华为公司业务管理纲要》，中信出版社2016年版。

们的错误，真真实实地改进我们的错误。当花儿开的时候，花蕾没有了，我们不要悲观，花蕾总要长大的。当花儿谢了，果子长出来了，我们也不要失望花儿没有了。任何否定之否定，都会伴随新的生命成长。华为这些年自我批判也是从花儿变成了果实。❶

20多年的奋斗实践，使我们领悟了自我批判对一个公司的发展有多么重要。长期坚持自我批判的人，才有广阔的胸怀；只有长期坚持自我批判的公司，才有光明的未来。自我批判让我们走到了今天；我们还能向前走多远，取决于我们还能继续坚持自我批判多久。

自我批判是无止境的，就如活到老学到老一样，陪伴我们终身。学了干什么？就是使自己进步。什么叫进步？就是改正昨天的不正确。自我批判，不是自卑，而是自信，只有强者才会自我批判，也只有自我批判才会成为强者。自我批判是一种武器，也是一种精神。❷

5　创建开放、妥协、灰度的企业文化

任正非开创并坚持贯彻的开放、妥协、灰度文化是华为文化的精髓，也体现了一个领导者的风范。任正非赋予它的要义是：首先，中华文化之所以活到今天，与其兼收并蓄的包容性是有关的。中华文化也是开放的文化，我们不能自己封闭它。向一切人学习，应该是华为文化的一个特色，所以华为要坚持开放，开放就能永存，不开放就会昙花一现。其次，在前进的路上，随着时间、空间的变化，必要的妥协是重要的。没有宽容就没有妥协；没有妥协，就没有灰度；不能依据不同的时间、空间，掌握一定的灰度，就难有合理审时度势的正确决策。开放、妥协的关键是如何掌握好灰度。

一个清晰的方向是在混沌中产生的，是从灰色中脱颖而出的，而方向是随时间与空间而发生改变的，它常常又会变得不清晰，并不是非白即

---

❶　任正非在2004年三季度国内营销工作会议上的讲话。

❷　任正非：《从泥坑里爬起来的人就是圣人》，2008年任正非在核心网产品线表彰大会上的讲话，载http://mt.sohu.com/20161206/n475042132.shtml。

黑，非此即彼。合理地掌握合适的灰度，是使各种影响发展的要素在一定时期里达到和谐。这种和谐的过程叫妥协，这种和谐的结果叫灰度。

"妥协"一词似乎人人都懂，而懂得它与实践更是完全不同的两回事。我们华为的干部，太多比较年轻，血气方刚，干劲冲天，不大懂得必要的妥协，也会产生较大的阻力。我们纵观中国历史上的变法，大多没有达到变革者的理想。我认为，面对他们所处的时代环境，他们的变革太激进，太僵化，冲破阻力的方法太苛刻。如果他们用较长时间来实践，而不是太急迫，太全面，收效也许会好一些。其实就是缺少灰度。方向是坚定不移的，但并不是一条直线，也许是不断左右摇摆的曲线，在某些时段中来说，还会画一个圈，但是我们离得远一些，或粗一些看，它的方向仍是直指前方。❶

6　如何看待创新

姚洋教授问任正非，他有一个朋友在华为做技术专家，非常开心，因为华为让他安心研究，没有硬性的考核。这样的管理是否会得不到研发的结果呢？任正非说，华为的容错率很高。在技术研发方面，不仅放手让大家去做，而且是大胆地做，不要担心犯错误，给予大家充分的时间和空间。能够获得成功的项目实在是太少了，如果一个新的项目能够获得成功，那这个人就是天才；如果没有成功，但是研究人员为这个项目努力过、奋斗过，一定会牢记犯过的错误，总结经验，不断前进，这也是人才。再说，研究本身就是不断试错的过程，不允许犯错，谁去研究，谁去创新呢？华为的包容创新不是停留在字面上，而是真正地包容大家的失败，并且不会因为项目研究的失败而否定大家。

大家听了任正非的话，都感觉华为真的是以奋斗者为本的践行者，但是项目的失败还是会导致资源、财力和人力等的投入、占用，过度宽松和包容对企业创新有用吗？

面对大家的疑问，任正非进一步解释道，之所以允许员工不断尝试、

---

❶　华为内部讲话稿：《开放、妥协与灰度》，2001。

犯错，是因为华为的创新都是基于战略做出的，不会偏离战略航道而太过于分散，并且所有的创新项目都在战略的框架下进行了多次筛选和充分研究，只有经过筛选的项目才会进入公司创新项目集群中，组合资源去实施。为此，任正非提出，发展企业一定要有战略耐心，拒绝机会主义，要有长期的投资，不只关注眼前的竞争。他说，企业想要获得持续性的创新，就要在基础研究上做大量投入。外界看到华为从交换机起步，传输、无线、数通、终端，好像是通讯领域的所有产品都做到了业界领先，那是因为华为在基础研究上投入了大量资源，构筑了这种有利于创新的制度、流程和文化，而他们一起成就了平台型企业。❶

资料来源：

《重磅长文：任正非的苦难辉煌》，http：//pit.ifeng.com/a/20160729/49685149_0.shtml.

---

❶ 陈春花与任正非围炉日话：解密华为的立业之本，载 http：//news.mbalib.com/story/235822。

■ 案例 7·使用说明

任正非的苦难人生和创业经历

一、教学目的与用途

本案例描述了华为创始人任正非苦难的人生经历，以及这种前期的经历对他后来创业、经营企业带来的影响，也由此形成了他独特的企业家气质。

本案例可用于创业管理、人力资源管理、管理学等课程。

通过此案例的展示，具体的教学目的如下：

(1) 使学生了解创业者的素质和特点；

(2) 使学生了解创业者的人生经历对其创业过程、创办并治理企业的影响。

二、启发思考题

1. 案例中创业者身上有哪些素质和特征？
2. 创业者的经历对其创业过程、创办和经营企业有何影响？

三、分析思路

教师可以根据自己的教学目标来灵活使用本案例。这里提出本案例的分析思路，仅供参考。

1. 案例中创业者的心理素质、身体素质、知识素质、能力素质等有哪些特征？
2. 总结案例中创业者的企业家特质。

3. 作为一位在军队工作过的企业创始人，这种军队工作经历对其管理企业有何影响？

4. 对比其他拥有军队工作经历的企业家，说明他们性格的相同点和不同点及治理企业方面的相同点和不同点。

四、理论依据及分析

1. 班杜拉的交互决定论。

20世纪60年代后期，心理学家班杜拉在勒温模型的基础上，提出人的行为是三元交互作用形成理论。这种交互决定论建立在吸收了行为主义、人本主义和认知心理学的有关部分的优点并批判地指出他们各自不足的基础上，具有自己鲜明的特色。主要观点是，行为、人、环境因素是作为相互连接、相互作用的决定因素产生作用的（见图1）。

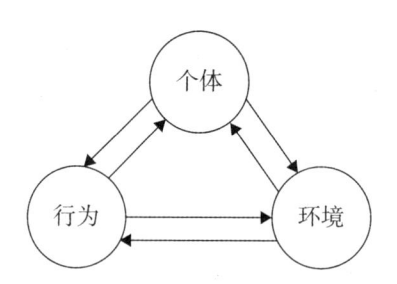

图1 个体、行为和环境交互决定

（1）环境是决定行为的潜在因素。一是环境确实对行为有影响，甚至产生决定作用的影响。二是这种作用是潜在的，只有环境和人的因素相结合，并且被适当的行为激活时，环境才能发挥这种作用。这种潜在因素包含在行为发生之前，或行为发生之后，要具体分析。在行为发生之前，是因为发生在个体周围包含在环境中的事物往往有一定的规律。人们可以根据他们和环境交往的经验归纳出这些规律，并预期在什么情况下会产生什么结果，借此来调节人们的行为。由于人类能认识环境中事物的规律，所以不一定要直接和事物接触才可以获得经验，他们可以观察别人的行为结果，来调节自己的行为。

（2）个体和环境交互决定行为。班杜拉指出，人既不是完全受环境控制的被动反应者，也不是可以为所欲为的完全自由的实体，人与环境是交互决定的。环境中各种外部因素会影响自我调节过程。环境有利于建立自我调节功能，从而建立和发展自我反应的能力。

（3）行为是三者交互的相互作用。环境、人和行为的相互关系和作用，是一种交互决定的过程。在行为内部，人的因素和环境影响是以彼此相连的决定因素产生作用的。这个过程是三者交互的相交作用，不是两者的连接或两者之间双向的相互作用。

2. 自我效能和自我效能感。

自我效能理论来源于班杜拉提出的三元交互决定观点，即个体的行为与其内在因素、环境三者是交互作用、相互决定的。在这三者的交互作用机制中，班杜拉特别重视由人的各种因素构成的自我系统，由此衍生提出了自我效能理论，就是个体应对或处理内外环境事件的效应或有效性。

自我效能感是个体对自己能否在一定水平上完成某一活动所具有的能力判断、信念或主体自我把握与感受。它与一个人的个人能力有关。自我效能感决定人们对行为任务的选择及对该任务的坚持性和努力程度。同时也影响着人们在执行任务过程中的思维模式和情感反应模式。自我效能感主要通过个体的选择、认知、动机和情感四种中介来发挥其主体作用（见图2）。

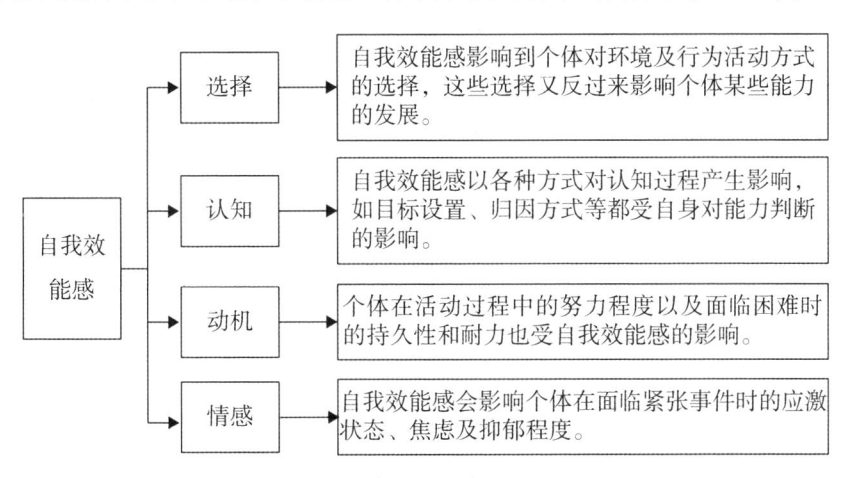

自我效能感		
	选择	自我效能感影响到个体对环境及行为活动方式的选择，这些选择又反过来影响个体某些能力的发展。
	认知	自我效能感以各种方式对认知过程产生影响，如目标设置、归因方式等都受自身对能力判断的影响。
	动机	个体在活动过程中的努力程度以及面临困难时的持久性和耐力也受自我效能感的影响。
	情感	自我效能感会影响个体在面临紧张事件时的应激状态、焦虑及抑郁程度。

图2 自我效能感的作用机制

五、关键要点

1. 创业者自身的性格特点；

2. 创业者的人生经历对其创办企业、管理企业的影响；

3. 军人出身的创业者在经营企业方面有哪些相同点和不同点。

六、建议分析路线

1. 本案例面对管理类专业的学生，包括本科生、研究生和MBA学员。可以首先让学生阅读案例，围绕案例搜集相关资料。如果MBA学员中有人拥有军队生活的经历，可以深入探讨，军队生活的经历对性格的影响，对创业的影响，讨论军人出身的创业者有哪些共性特征，在企业管理方面有哪些表现。

2. 组织学生分组讨论，模拟创业者和创业团队成员，担任不同角色，对问题进行分析。

3. 伴随讨论的不断深入，根据学生对问题的分析程度，再增加一些相关的假设条件，从而提高对问题分析的复杂程度和对案例讨论的灵活性。也可以引导学生考虑，在不同的假设条件下还有哪些方式、方法、措施和手段可以选择。

4. 如果时间充足的话，可以让学生结合以前学习过的相关内容，扩展思路，对创业者中成功和失败企业的经验教训进行分析，进一步加深对创业者和创业团队组建的认识。

5. 最后，在各组讨论的基础上，老师提出供学生参考的观点，并进一步提出具有深入思考性的问题，为后续课程的讲授做好铺垫。

七、建议课堂计划

本案例可以列入专门的案例讨论课来进行。如下是按照时间进度提供的课堂计划建议，仅供参考。

整个案例课的课堂时间控制在80~90分钟。

课前计划：提出启发思考题，请学员在课前完成月度和初步思考。

课中计划：简要的课堂前言，明确主题（2~5 分钟）；

分组讨论，告知发言要求（30 分钟）；

小组发言（每组 5 分钟，控制在 30 分钟）；

引导全班进一步讨论，并进行归纳总结（15~20 分钟）。

课后计划：如有必要，请学员采用报告形式给出更加具体的解决方案，包括具体的职责分工，为后续章节内容做好铺垫。

■ 案例 8 · 正文

军人出身的创始人和他的 RS 公司[1]

【摘　要】RS 公司是一家科技型民营企业，既有所有科技型企业存在的共性问题，如人员流失，也有自身原因导致的问题，如军人出身、性格倔强、强硬的创始人。本案例描述了 RS 高科技股份有限公司人员流失的现状，重点详述了公司的核心员工——研发技术人员流失的原因，通过采访公司中高层领导、一线员工及军人出身的董事长，不断将潜在的问题挖掘出来，原来创始人个性强烈耿直、对各项事务的过多干预对公司已经产生了一些副作用，但是访谈中副总和员工又高度认可创始人对公司、对员工的热爱，副总们甚至主动放弃自身的分红和奖金来保证公司渡过难关。由此 RS 公司的问题及他的创始人走进了我们的视线。

【关键词】人力资源管理；人员流失；领导风格；员工培训

0　引言

RS 公司的业绩比去年有所好转，但是人力资源部总监却坐在办公桌前一筹莫展，因为员工流失率超出了预期，并且核心员工也在流失。到

---

[1] 由于企业保密的要求，在本案例中对有关名称、数据等做了必要的掩饰性处理。本案例资料主要来自公司和项目组调研访谈，是对一手、二手资料的整理、改编。本案例无意暗示或说明某种管理行为是否有效。

哪里去招聘急需的核心员工呢？同时正在执行的员工培训计划是否又要重新修改呢？另外，让人意外的是，原来的研发部员工在 RS 公司一直没有研发出新产品，但是跳槽到竞争对手的公司之后，很快研发出新的产品。所以 RS 公司不仅流失了人才，还面临着竞争对手开发新产品的压力。员工们得知这一消息后，对公司的前景也充满了担忧。在这种情况下，RS 公司聘请我们担任该公司管理咨询顾问，所以作者及所在项目组有机会多次与 RS 公司中高层领导接触并与一线员工进行访谈，获得了一手资料。

1　背景信息

RS 高新科技股份有限公司（以下简称 RS 公司），前身为 RS 科技有限公司，注册成立于 2003 年，2013 年 10 月 30 日实现新三板挂牌上市。RS 公司目前拥有两个现代化的轨道交通配件生产基地。公司先后通过了三大类、十余项产品的行业生产资质认证，并被多个铁路车辆生产企业确认为重点配件供应商，主营产品包括车辆制动系统、车辆转向系统、车辆钩缓系统等。经过十年的发展，RS 公司已经成为一家集轨道交通机车车辆关键零部件研发、生产、销售为一体的高新技术企业。

公司的生产结构为：立足于传统铸锻产品，大力发展新型摩擦材料产品，逐步推进高分子复合材料技术和粉末冶金技术的开发和应用。

公司远景目标定位是：打造国内领先、国际一流的优质品牌，立志成为轨道交通领域摩擦材料产品领军企业。

作为国内上市公司，RS 公司在十多年的经营过程中基本保持良性发展。2015 年 5 月，RS 公司又进行了组织变革，成立了四大中心，分别是制造中心、技术中心、销售中心和管理中心。基本结构框架可以参见图 1。

```
        董事长
          │
         总经理
          │
        副总经理
          │
        四个中心
    ┌─────┼─────┬─────┐
  制造中心 技术中心 销售中心 管理中心
```

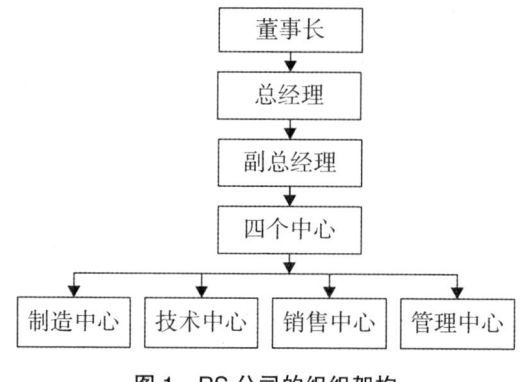

图1　RS公司的组织架构

2　RS公司人力资源管理

RS公司非常重视人才的培养，公司董事长同时也是公司的创始人认为人才是立业之本，是企业最宝贵的资源。公司按照"公开、平等、竞争、择优"的原则，建立了完善的有利于优秀人才脱颖而出、人尽其才、才尽其用、合理激励的人力资源管理体系。同时公司还积极构建了开放型的用人机制，扩大人才招聘渠道，多元化招聘人才，做好人才储备。近几年来，公司每年招聘3~8名高等院校毕业生，并通过加强培训，致力于改善员工的学历结构，完善专业结构，从而提高公司的运营管理水平。

2014年，公司人力资源部决定进一步加强员工岗位培训和岗位结构调整力度，提高员工的业务技能和整体素质，挖掘员工潜能和创造性，增强员工的责任意识、危机意识和市场意识。因此人力资源部树立了新的培训目标，即通过建立和完善员工培训体系，采用多种培训方式，提高员工技能，做好人才队伍培养与建设，并引导员工将个人发展目标与企业发展目标结合起来，达到稳定培养和提供可靠的人力资源，提升公司的软实力。在此基础上，人力资源部还提出了要全力做好企业的四支队伍建设：一支有战略眼光、能驾驭全局、为企业领航带队的企业经理人队伍；一支思想活跃、功底雄厚、观念创新、时刻追踪前沿技术，能把握并不断丰富企业核心技术的技术人员队伍；一支好学上进、工深业精、刻苦努力的企业技术工人和一般工人队伍；一支兢兢业业、善于应用现代经营管理手段的管理人员队伍。

项目组深入公司，分别对一些员工和中高层领导进行了多次调研和访谈，从获得的资料来看，目前员工总体对公司发展的评价比较好，集中在以下几个方面。

1. 员工对公司有较高的认可度，对公司目前的总体发展情况还是比较满意的。大多数员工工作努力，与同事关系融洽，虽然有少部分员工选择离开，但是多数员工舍不得离职，还是愿意在公司努力工作。

2. 员工对公司战略有较高认可度，在调研中员工们表示董事长做事情雷厉风行，有想法，在战略导向方面把握得比较好，因此，在战略选择上，员工对高层报以较高的信任度。

3. 公司能够保证员工的工资按时发放，讲诚信，不拖欠。

4. 公司对年轻人大胆提拔，给年轻人提供培训和晋升的机会。

5. 公司有很强的建立企业文化的意识，比如车间干净、有序，车间的安全管理、责任制度比较健全，在同行中有较好的形象。

6. 董事长锐意改革，有开拓精神，对企业充满感情，工作非常投入，全身心地经营企业，员工对董事长较多的概括是"以企业为家"，关心员工，员工过生日，员工家庭有困难，都能及时给予关怀，与员工的关系和谐。

但与此同时，项目组也收到一些负面的评价，包括以下几个方面。

1. 集权化特点比较明显，与其他民营企业一样有着共同的弊病，缺乏员工参与和现代的自我管理机制，员工自身的积极性、创新想法和参与热情没有充分调动起来。

2. 公司虽然有明确的制度规则、章程和流程，但是缺乏有效的执行，这使得制度规则容易形式化。

3. 公司在管理方面倾向于行政化管理，缺乏专业化管理方法。

4. 组织结构构建和专业分工虽然健全但不够合理。

5. 缺乏倾听员工声音的渠道，亟待培育以人为本的文化基因。

3 人员流失问题

2013年RS公司预计人员流失指标为5%，全年实际人员流失率为15.31%，自动离职人员32人，其中，一线人员24人，辅助人员8人。一线人员流失率仍处在较高水平，流失率为25.93%。其中，1~6月份流失人员较多，达到19人。人力资源部进行了内部调研，主要原因是受2012年停产因素影响，员工对公司的信心受到极大影响，导致在2013年年初，较多员工仍处在观望状态，心态不稳定。加上董事长强势、严厉的领导风格，对员工的意见也缺乏倾听和回应，导致部分员工产生离职情绪。个别部门是由于部门内部个人绩效反馈不及时，与内部员工的沟通不畅导致员工出现离职想法。有员工反映，一些绩效任务没有完成是因为绩效目标定得太高，自己根本完成不了。而对于能干的员工，经常一人被多人用，导致优秀的员工对上级也充满了抱怨情绪。目前来看，不仅是员工流失，中高层由于董事长过于强势，在很多决策上缺乏良好的沟通，其满意度也在降低。有一个部门的总监离职，研发室另有4个元老级的员工随即离开。另外企业在他市也有办公地点，有的员工要往返于两个城市，有70%的员工认为这对生活影响也很大。

针对研发技术人员的高流失率，人力资源部和项目组特别进行了员工深入调研。目前RS公司的研发人员集中在技术中心，该中心包括研发室和技术质量室，目前研发室6人，技术质量室8人。技术中心的职能分解落实到了两个职能室，研发室主要负责新产品开发；技术质量室主要负责产品检测、原料检测、过程控制，侧重于服务生产过程中的技术、质量问题。由于研发工作具有一定的特殊性，比如在研发过程中材料的调整主要依靠的是实验，而实验结果具有不确定性，从而影响工作进度和员工的工资，进一步影响员工的工作积极性，因而技术中心的负责人希望能够有机动的权利，对研发人员实行项目制的绩效考核和薪酬制度，以项目立项、进度和成果作为和薪酬挂钩的因素。但是当负责人与董事长刚要谈起这件事，董事长就不耐烦地打断了谈话，技术中心的负责人很尴尬，也不愿意再说下去。

作为该公司的管理咨询顾问,本人所在的项目团队对技术中心负责人一位副总进行了深入的访谈。该副总本人对市场非常了解,将公司核心产品——闸瓦产品的销售与控制系统集成在一起,形成了一个系统,另外力推项目制,按照市场将产品分为5个不同的档次,又按照科室审核——总工程师评审——公司高层评审的立项流程规范了研发的流程,所以RS公司的产品销售一直在同行业中享有一定声誉。该副总认为技术中心存在的主要问题是公司按照天津蓟县人员的工资标准来发放工资,导致技术人员的工资偏低,项目包干后又导致获取高收入的风险较大;同时公司领导管理得过细,他举了个例子,公司目前为了规范而过度强调制度,恨不能卖废品也要有制度,导致效率低下,员工感觉受到的束缚太多。他有点充满疑惑地对项目说,希望通过管理咨询能改变这种制度混乱的现状。通过对技术中心人员的调研访谈,发现目前的技术人员专业技术能力不强,主要原因是入职时间比较短,还没有充分融入公司的研发团队;公司的资源条件尤其是检测设备等,无法满足技术开发的需求;研发产品过多,项目分散,目前的人员忙不过来。

4 军人出身的董事长

RS公司的董事长出生于20世纪50年代,当过十多年兵,后来创立了这家企业。他对自己的管理方式非常自豪。第一次到公司访谈时,董事长提到自己童年的一件事。那时候,他只有十几岁,跟着父母住在一个大农场。有一次因为与父母起了争执,就自己跑到了农场外面,他走了很久,走到天黑了,肚子饿得厉害,但是往前走,除了草原还是草原。他知道还是得回去,否则会饿死在外面,但又不想回家,在进了农场之后,就躲到邻居家里。那时他已经饥肠辘辘,当看到桌子上放着一盘煮好的水饺,充满了渴望。大人们也看出他饿坏了,就让他吃。他就拿起筷子,三下五除二吃了个精光。等他吃完之后,邻居问他,味道怎么样,他不好意思地笑笑,说很好吃。这时邻居又问,吃出来是什么馅儿的饺子了吗?他说,吃得太快了，没感觉出来，反正好吃。这时邻居告诉他，饺子是羊肉馅儿的。他呆在那里，原来他不喜欢吃羊肉，整个农场的人都知道，他从来都不吃羊肉。

这件事对董事长影响比较大，所以他后来用到了教育孩子方面。他非常自豪地告诉我们，同时听说公司的副总们都知道这件事，因为董事长讲过很多遍。原来，董事长家里的小孩小时候挑食，有一次吃饭的时候闹情绪，不吃饭。董事长拦住了自己的妻子和父母，不让任何人劝说孩子，让大家把饭吃完，把家里的零食全部收起来，小孩饿了，什么东西都不能给。很多人即使这样想的，也这样做了，但是当孩子哭得厉害的时候，想想他那么小，还在长身体的阶段，都会心软了。但是他强调说，他不允许任何人给孩子做吃的。从那以后，孩子再也不挑食了。他用自己的方法纠正了孩子挑食的习惯，因而对自己的教育方式很满意。

除此之外，RS公司的员工培训和福利也是让董事长很自豪的。RS公司非常注重员工培训，可能是因为董事长在部队当过兵，他对公司员工的管理也流露出军队化色彩。如他要求所有新员工进入公司后，都要首先进行一个月的军训。但是我们发现，员工们和副总对军训都有意见，主要是觉得这种做法太形式主义了，并不能说明或解决什么问题，时间也太长了。但董事长认为军训能训练人的体能，磨炼人的意志，让人学会遵守制度、规则，有助于提高管理效率。对于员工的福利，RS公司确实做得不错。由于考虑到很多员工住在天津市区或县城，离上班地点较远，为了上班不迟到，可能顾不上吃早餐，所以RS公司为员工提供免费早餐。讲到这一点时，董事长很得意地说，我们公司的员工早上都在单位吃饭，晚上如果加班，在公司西北角盖了三层的宾馆，员工可以住在公司。在访谈时，这两件事都得到了员工的认可，也让员工们很感动。

5 来自中高层的评价

在访谈副总时，我们注意到他说话很小心，一方面想极力维护董事长的威望，但另一方面又流露出对董事长很多做法的不认可。他提到了备受

案例 8·正文 | 军人出身的创始人和他的 RS 公司

重视的员工培训。董事长本人非常重视员工培训,这一点我们在该公司调研时也感受到了。RS 公司培训内容涉及面很广泛,包括专业技能、通用知识、论坛讲座、资格认证、文化健康活动等。在所有培训中并没有考虑到部门职责、岗位的差异,而是要求所有人都要参加,因为董事长认为多学习是好事,大家都要多学习。2012 年计划培训次数为 80 次,完成率为 98%,2013 年计划培训次数为 93 次,完成率为 90%,2014 年预计有 101 次培训,正在执行中。总体来看,公司的培训次数逐年增加,公司投入了大量精力、时间、资金为员工提供各类培训。但是副总们认为公司内尚未针对各岗位制订明确的培训科目和考核要求,致使培训欠缺针对性,目前已有较多员工反映参与的培训跟自己的工作没有任何关系。这种培训在参加的时候就没有兴趣,即使学会了一些东西,工作中不加以使用练习,过一段时间也忘了。再加上每个月都有培训活动例行开展,但是培训太多了,也没有考核,所以员工中途很多早退现象。有时培训时间安排得也不合理,如高管讲堂与读书分享活动由于经常出现时间冲突,多次延迟开展。而副总们如果正在忙别的项目,通常也是不能耽误培训的。

2015 年 12 月,项目组成员为 RS 公司组织了专场招聘会,总共有 12 名毕业生通过初步筛选之后,进入了本轮的面试。这是 RS 公司的第一轮面试,董事长为此延后了几件事,不仅亲自参加,而且要求所有的副总和所有部门的负责人都要参加,再加上人力资源部的同事们、项目组老师,第一轮面试总共有 20 位面试官。这 12 位毕业生首先是做自我介绍,回答考官的提问,然后被随机分成两组,进行无领导小组讨论。在整个面试过程中,有的考官没有提问一个问题,有的即使面对申请自己部门的面试人员,也没有提问问题。但是董事长全程都非常认真投入,对几乎每一个面试者都提问了至少一个问题,中间有几位副总想发表意见或要提问,但是看看周围其他人,又看看董事长,最后选择了保持沉默。在无领导小组讨论环节结束后,只有董事长一个人提问并做了点评。全部面试结束后,所有人对面试人员进行打分,副总们几乎都认可其中的两位面试者,打分很趋近,但是跟董事长的打分结果不一致。董事长也发现了这一点,但是他只是笑了笑。不过，最后董事长认可的面试人员和副总们一致认可的两位面试者都被通知到公司进一步参观和面谈。整个过程，副总们看起来像被推着往前走一样，就像会后有人说，即使他们自己有想法，最后还是董事长拍板，所以自己索性可以偷偷懒，不用去考虑了。

  关于这次的管理咨询，副总们还认为企业的问题要靠企业自己来解决，对管理咨询抱有怀疑的态度，认为即使发现了什么问题，他们的董事长也不会轻易采纳项目组提供的建议，因为他什么都要过问，习惯自己做决定。不过他们提出既然是董事长提出来的，他们也愿意尝试，不过希望这次咨询能让董事长的脾气、管理风格有所改变。

  在RS公司调研过程中，项目组成员既感受到董事长强烈的个人魅力、员工对公司福利的满意、对董事长的尊重，同时也体会到董事长的个人意志在公司管理、决策中的影响及其产生的副作用。RS公司的管理将何去何从呢？

■ 案例 8·使用说明

军人出身的创始人和他的 RS 公司

一、教学目的与用途

本案例首先介绍了 RS 高科技公司的发展历程、公司目前的组织架构、公司人力资源部的管理措施和目标。接下来着重描述了自 2013 年以来 RS 公司的人员流失情况，并针对研发技术人员的高流失率，还进行了深入访谈和分析。基于员工多次提到董事长的管理风格、公司的制度，本案例还介绍了 RS 公司的董事长和他的副总们对他的一些做法的看法和评价。本案例集中反映了一个军人出身、性格比较强势的董事长在管理公司时存在的一些问题。通过本案例的分析，有助于了解、思考公司创始人的管理风格对公司管理的影响是如何造成的，公司如何避免这种风格带来的负效应。

本案例可用于创业管理、人力资源管理、管理学、管理沟通等课程。

通过此案例的展示，具体的教学目的如下：

(1) 使学生了解造成企业人员流失问题的原因及对企业产生的影响；

(2) 使学生了解公司创始人的管理风格对公司管理的影响；

(3) 使学生了解企业应该如何针对不同人员进行管理，有效降低流失率。

二、启发思考题

1. 案例中 RS 公司员工流失的主要原因是什么？
2. 你认为研发技术人员的高流失率是什么原因？
3. 你认为公司的董事长应如何处理研发技术人员的流失？

4. 你认为公司的董事长哪些地方影响了公司的员工管理？

5. 使用所学过的理论给出该公司应该从哪些方面减少员工流失。

三、分析思路

教师可以根据自己的教学目标来灵活使用本案例。这里提出本案例的分析思路，仅供参考。

1. 如何减少人员流失率，有哪些方法？

2. 从领导风格理论出发，思考如何减少人员流失。

3. 从组织角度考虑，面对军人出身的创始人，企业应该建立怎样的组织结构既保证企业的高效运行，又能提高员工满意度？

四、理论依据及分析

1. 人员流失。

企业对于员工的流失应该承担主要责任。绝大多数人是不喜欢变化的，所以绝大多数的员工，在一个企业工作过一段时间以后，如果没有什么特别的原因，一般不会考虑更换工作，所以员工流失总是有原因的，虽然员工流失的原因是多方面的，既有当前社会文化背景的因素，也有员工个人道德素质的因素，但是作为企业这个主体，对员工的流失有着更多的责任。人员流失有以下几种原因。

（1）薪酬分配模式落后。应该说，这是人员流失很重要的原因。显然，薪酬待遇问题是员工决定是否离职时所要考虑的首要因素，薪酬待遇高，可以抵消其他很多方面的不足。

（2）缺乏良好的企业文化及氛围。良好的企业文化和氛围，可以给员工提供一个比较愉快、舒心的工作环境，可以构建一个比较和谐的人际关系，进而会让员工对这个环境产生留恋心理，反之，如果一个公司内部人际关系紧张，公司整体缺乏一个积极向上的氛围，也会影响到员工的精神状态和理想追求，进而产生离职的念头。

（3）选用人才不当。一是任人唯亲，而非任人唯贤。这是民营企业最为常见的现象。民营企业往往是家族企业，他们常常将重要的职位交给自己的家族成员，而这样出于亲属关系的选择，往往意味着效率低下和冗员，而低下的效率和冗员又会使有才能的人对企业产生失望情绪，从而选择离开。二是选用人才的失误。在聘用和甄选人才上，不能聘用适合的人才也是导致员工日后离开企业的原因之一。

（4）不注重员工的发展与培训。一个有上进心的员工，在努力工作的同时，常常会审视自己所从事工作的发展前景，如果企业不能够给员工提供一个良好的发展前景，员工就会考虑做出新的选择。

（5）缺少远景规划。一个公司缺少远景规划的问题，或者可以通俗地说成是公司老板缺少一种给员工描绘未来蓝图的能力，在看不到公司未来的希望、想不到公司未来是什么样子的情形下，员工只能另谋高就。对于任何一个公司来讲，必须明确自己的战略方向，明白自己在未来是干什么的，并且要做到向员工及时传递这些信息、分享这些信息。任何一个人，始终是需要激励的。

（6）缺少管理。人格魅力强的老板为什么还会有人离去？本质上这是一个公司缺少管理的问题。或者说公司的管理变成老板一个人的管理，老板的人格魅力取代了制度，这势必就容易形成溜须拍马的企业文化，导致一些优秀的员工为寻求更好的发展而离开。任何一个老板，尤其是创业者，千万不要混淆管理制度和领导魅力的关系。

2. 领导风格。

领导风格理论（Average Leadership Style，ALS）是由美国艾奥瓦大学的研究者、著名心理学家勒温和他的同事们从20世纪30年代起就进行的关于团体气氛和领导风格的研究。

勒温等人发现，团体的领导并不是以同样的方式表现他们的领导角色，领导者们通常使用不同的领导风格，这些不同的领导风格对团体成员的工作绩效和工作满意度有着不同的影响。勒温等研究者力图科学地识别出最有效的领导行为，他们着眼于三种领导风格，即专制型、民主型和放任型的领导风格（见图2）。

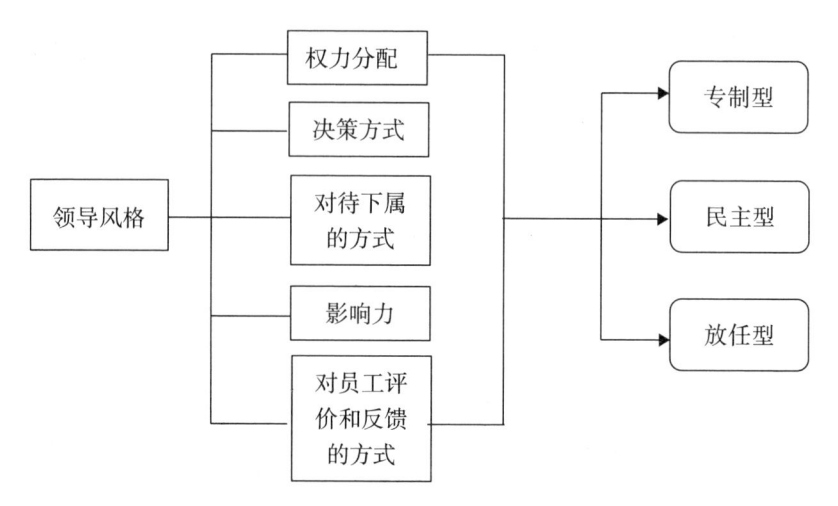

图 2　领导风格的影响作用和类型

3. 员工培训。

员工培训是指组织为开展业务及培育人才的需要，采用各种方式对员工进行有目的、有计划的培养和训练的管理活动，公开课、内训等均为常见的员工培训及企业培训形式。员工培训包括：培训需求评估、培训方式选择、培训讲师确定、展开培训及培训考核和反馈。在培训开展前，进行培训需求评估非常重要，这里将重点分析一下培训需求。培训需求反映了员工和企业对培训的期望，但是要将这些需求转化为计划，还需要对需求进行评估。对培训需求的评估通常要从以下几个方面出发。

（1）培训需求是否和企业的战略目标相一致。只有符合企业发展战略目标的培训需求才会得到满足。培训需求至少应当满足知识的传授、技能的培养和态度的转变其中任何一个目标。

（2）培训需求是否和企业文化一致。如果某种培训需求与企业文化相冲突，会造成企业文化的混乱，其结果是得不偿失。

（3）培训需求所涉及的员工数目。不同的员工有不同的培训需求，对于企业大多数员工的培训需求，应当放在优先考虑的地位。

（4）培训需求对组织目标的重要性。如果通过培训能给组织带来巨大的效益，这样的培训应该得到优先满足。

(5) 通过培训，业务水平可以提高的程度。通过培训业务水平能够得到大幅度提高的需求，应当得到优先满足。培训需求评估可以界定培训需求是否应当得到满足，将需要按轻重缓急组成一个序列，为设计培训体系创造了条件。

五、关键要点

1. 找出人员流失的根源。在本案例中，基层人员的流失率比较高，研发人员的核心员工流失较多。这与上一年度的生产销售状况和领导人风格都有关系。

2. 人员流失问题要从问题的原因来考虑，包括及时与员工沟通，说明企业发展的现状和未来的战略规划，尽量改变领导人风格，可以通过多跟员工接触、多参加企业的集体活动、在每一次绩效考核之后多听听员工的意见，来增进与员工的感情。员工培训问题要提前做好培训的需求评估，结合不同部门的员工时间，鼓励员工参加并且要进行及时考核。

六、建议分析路线

1. 本案例面对人力资源管理专业和工商管理专业的学生，面对两种教学对象：有实际工作经验的 MBA 学生和缺乏社会实践的本科生。可以首先让学生阅读案例，围绕案例搜集相关资料。MBA 学生可以根据自身的工作经验和体会，深入分析人员流失的原因及领导风格对企业管理的影响；针对本科生，要给予理论资料，解释案例重点内容。

2. 组织学生分组讨论，可以借助角色扮演的方式，小组每个人可以模拟担任该公司的不同角色，从董事长、副总、人力资源部管理者、技术中心主任和员工角度对问题进行分析。

3. 伴随讨论的不断深入，根据学生对问题的分析程度，再增加一些相关的假设条件，从而提高对问题分析的复杂程度和对案例讨论的灵活性。也可以引导学生考虑，在不同的假设条件下还有哪些方式、方法、措施、手段可以选择。

4. 如果时间充足的话，可以让学生结合以前学习过的相关内容，扩展思路，对同行业中成功和失败企业的经验教训进行分析，进一步加深对人员流失、领导风格的认识。

5. 最后，在各组讨论的基础上，老师提出供学生参考的观点，并进一步提出深入思考性的问题，为后续课程的讲授做好铺垫。

七、建议课堂计划

本案例可以作为专门的案例讨论课来进行。如下是按照时间进度提供的课堂计划建议，仅供参考。

整个案例课的课堂时间控制在 80~90 分钟。

课前计划：提出启发思考题，请学员在课前完成阅读和初步思考。

课中计划：简要的课堂前沿，明确主题（2~5 分钟）；

分组讨论，告知发言要求（30 分钟）；

小组发言（每组 5 分钟，控制在 30 分钟）；

引导全班进一步讨论，并进行归纳总结（15~20 分钟）。

课后计划：如有必要，请学员采用报告形式给出更加具体的解决方案，包括具体的职责分工，为后续章节内容做好铺垫。

■ 案例9·正文

阿里巴巴的创始人马云和他的"十八罗汉"团队[1]

【摘　要】本案例围绕核心人物——阿里巴巴的创始人马云展开，首先讲述了马云坎坷的高考经历，其次介绍了马云的创业经历，从偶然发现并确定创业方向、坚定地选择创业、创业失败，到再次创业并取得巨大成功，通过多个视角充分展现了马云在创业过程中克服重重困难、始终坚持创业梦想、带领创业团队克服困难，使阿里巴巴一步步走向强大的个人领袖魅力和诸多优秀品格。

【关键词】创业团队；团队管理；团队沟通

0　引言

传说中风投最喜欢的创业团队组合是：腾讯的产品、百度的技术和阿里巴巴的运营。从一个高考失败的落榜生到以高度的凝聚力，历尽磨难和艰辛，团结一群人做一件事，正是马云及其团队的互相包容和接纳，内部信任、互补合作，成就了阿里巴巴的今天，马云不仅赢得了队友的尊重，也为同行所称赞，其领导的团队也被封为"十八罗汉"，受到大家的广泛关注和研究。

---

[1] 由于企业保密的要求，在本案例中对有关名称、数据做了必要的掩饰性处理。本案例资料主要来自互联网，是对二手资料的整理、改编。本案例无意暗示或说明某种管理行为是否有效，只供课堂讨论之用，绝不用于任何商业用途。

1 背景信息

1999年3月,马云辞去公职后,与"十八罗汉"的创业团队凑够50万元开始了新的创业历程。1999年4月,阿里巴巴网站正式上线,接下来1999年10月和2000年1月,阿里巴巴得到软银等国际投资机构的融资,快速发展。

2003年5月,马云又创立了淘宝网,开始抢夺eBay的市场。2004年,马云创立了第三方网上支付平台——支付宝。2014年9月19日,阿里巴巴集团于纽约证券交易所正式挂牌上市。

2015年10月23日,《2015信中利·胡润IT富豪榜》发布,马云及其家族以1350亿元资产蝉联中国IT业首富,在13年里财富增长540倍。

2015年11月4日,《福布斯》全球最有权力人物排行榜发布,马云名列第22位。

2 一波三折的高考经历

马云,1964年9月10日出生于浙江省杭州市。"马云"这个名字的由来是父母希望他乖巧懂事,少惹是非。但是马云从小就一身侠气,为了朋友,小时候经常打架,受过处分,还因此被迫转学,所以家长、老师们都对顽皮的小马云不抱希望。

1982年,在经历了第一次高考失败后,马云做过搬运工,蹬过三轮车。偶然的一次机会看到路遥《人生》中这样一句话——"人生的道路虽然漫长,但关键处却往往只有几步"后,下定决心,参加了第二次高考。可能是命运之神真的是希望这个年轻人未来有更大的作为,所以要多次考验他。当时马云带着坚定的决心参加高考,却再次失利,并且距离录取分数线很远。但是可能命运终究是不愿放弃这个年轻人,在《排球女将》精神的激励下,在家人的反对下,马云依然遵从自己的想法,白天上班,晚上复习,又参加了第三次高考。这一次仍然没有过本科线,不过因为当年杭州师范大学外语系的本科没有招满人而幸运地上了本科。也是因为这一次被破格录取的机会,让马云像变了一个人一样,他从那个高考数学考 1 分的"差生"变成了品学兼优的优等生,并且凭借优异的外语成绩在杭州师范学院外语系排名前五,还担任了两届杭州市学联主席。❶

3 不断折腾自己,坚定地选择创业

大学毕业之后,马云到杭州电子工业学院讲授英语,同时又与朋友一起成立了海博翻译社。翻译社最初入不敷出,为了生存下去,马云只好到义乌和广州进货,靠着小商品买卖维持翻译社的运转。

1995 年年初,由于偶然的机会,马云去了美国,首次接触了互联网。好奇的马云请人做了一个翻译社的网页,结果不到 3 个小时,收到了 4 封邮件。敏锐的马云意识到,互联网的力量非常强大!

此时的马云已经是杭州十大杰出青年教师,但是当他接触互联网后,内心就再也无法平静,无法忘记互联网的神奇。他萌生了创业的想法,这之后就始终坚定自己的想法,立志要做一家能把国内企业资料都汇集起来放在网上向世界发布的公司。1995 年 4 月,马云联合家人创建了他心中的互联网公司,这就是"中国黄页"。后来马云曾说很赞赏自己当时的勇气,他说,其实最大的决心并不是我对互联网有很大的信心,而是我觉得做一件事,经历就是成功,你去闯一闯,不行你还可以调头,但是如果你不做,就像你晚上想想千条路,早上起来走原路,一样的道理。但是因为当时很多城市都没有互联网,人们也没有听说过更不了解互联网,所以马云在推广自己的产品时被当成了"骗子"。但是此时他那参加高考不服输、不畏难的劲头又一次迸发了,他仍然不断地接触客户,到处跟人谈互联网。随着互联网的普及,在马云的坚持下,1996 年公司的营业额达到了 700 万人民币。

从马云的创业历程,我们可以看出他的几大品格:

(1) 不甘落后、永不放弃,三次高考、两次失败只是更加激励了马云

---

❶ 刘晓航、赵文:《马云 我的团队永不言败:商业史上最成功的创业团队》,华中科技大学出版社 2010 年版。

坚持不懈、必须成功的信念。

（2）反应敏锐、思路清晰，善于发现和把握网络发展规律。从中国黄页到阿里巴巴，到淘宝，到支付宝，都验证了这一点。

（3）胆大心细、一往无前。先是作为杭州十佳教师辞职下海，然后离开和杭州电信合作的中国黄页，离开和外经贸部合作的中国国际电子商务中心（EDI），一是大胆，一往无前、不留退路；二是心细，虽然离开，但其实心中已经酝酿了一盘更大的棋局。

（4）激情四射、魅力服人。马云先后离开与杭州电信和外经贸部合作的公司，手下员工都愿意放弃更好的条件，甘愿吃苦受累追随马云重新创业，当年创业的18个人至今仍然追随马云发展。更是通过个人魅力和激情吸引到国际风险投资公司的亚洲代表蔡崇信放弃之前工作追随马云，6分钟搞定软银孙正义2 000万美元的风投。

（5）相信自己，理智分析。马云对自己超级自信，在阿里巴巴创业的第一次会议上马云就预告了未来，要求全程摄影，以此作为历史见证。很多人说马云狂妄，但马云说过自己创立海博网络的时候靠的是勇气和眼光。阿里巴巴创业初期马云要求合作伙伴"用闲钱投资，不允许借钱，因为失败的可能性极大"。

4 十八罗汉：阿里巴巴的"梦之队"

1997年，马云得到外经贸部的邀请，进京成立中国国际电子商务中心（EDI）。经过一番考虑，马云决定放弃中国黄页。

在组建和管理EDI期间，马云和他的团队开发了外经贸部官方网站、网上中国商品交易市场、网上中国技术出口交易会、中国招商、网上广交会和中国外经贸等一系列网站。但是当初关于B2B的创业想法一直没有中断，并且不断地浮现并逐渐清晰化，那就是要成立一家为中小企业提供服务的电子商务公司。马云还有进一步的想法，就是他所要成立的公司与当时世界上主要为全球顶尖前15%的大企业服务的电子商务公司模式是不同的。由此可见，马云创业的想法是经过深思熟虑的。

在得知马云要离开 EDI，返回杭州创业，并选择这样一个创业领域时，很多人很不理解。但是不管是暂时不理解马云的决定，还是不同意这个决定，当时的创业团队成员，包括马云的妻子、同事、学生和朋友，都追随马云回到了杭州，因此就有了阿里巴巴的十八罗汉。1999 年，这 18 位创业团队成员在马云杭州的家中召开了全体会议，马云带有先见之明地对会议进行了全程录像。因为马云坚信他们的企业一定能够成功，那么这次会议将具有特殊的意义。

5　关系再好的团队也有磕磕碰碰的地方

马云从小就爱看金庸的武侠小说，崇拜除暴安良、打抱不平的英雄人物，并且在上小学、中学期间就因为重情重义而打过很多架。上大学之后，马云不再通过打架来解决问题，他把那份情义倾注到学生会工作中，尽其所能地帮助同学解决各种困难。有一次，有位成绩很好的同学，因为一个小错误而被取消考研资格，马云花了两天时间找班主任、系领导甚至是院领导，最终说服他们恢复了那位同学的考研资格。这样的性格特征也许为他日后凝聚团队打下了基础。在他身边，创业初期的追随者都是他的同事、学生、朋友，他们共同组成了阿里巴巴的十八罗汉。

马云提起自己的创业团队非常自豪，这支队伍也确实没有让他失望。当年在离开北京时，马云对大家说你们可以留在外经贸部，也可以去雅虎，都可以拿到高收入。要是跟我回杭州再次创业，工资只有 500 元，但这些成员都义无反顾地跟着马云回到了杭州，并且这些创业团队成员一路追随他创业，在经历过中国黄页、EDI 之后，他们的关系早已超越了利益。但是，即使这样，由于朝夕相处，摩擦也是难免的。从创业一开始，马云就为团队定下了一些原则，从某种意义上说，这些原则是马云和其创业团队最终并肩走得足够远的保证。

首先，马云自己不懂技术，但是他非常尊重内行；其次，创业团队成员长期跟随马云，形成了共同的价值观；第三，倡导简单、开放的议事原则，杜绝"办公室政治"。这些原则中，与团队有关的最重要的一条是简单开放议事、解决矛盾的原则。从一开始，马云和他的创业伙伴就定下原则，团队中任何两个人发生矛盾，必须由他们自己互相面对面地解决。只有在双方都认为对方无法说服自己的情况下，才引入第三者作为评判。简单、开放议事原则的提出和确立，对于阿里巴巴团队建设至关重要。它使阿里巴巴杜绝了"办公室政治"，杜绝了"文革遗风"，杜绝了"民族劣根性"，大大减少了交流沟通成本，减少了内耗，大大增强了团队的凝聚力和战斗力。不要小看这个原则，对一个创业团队来说，矛盾是不可避免的，但如何解决矛盾是一个问题，在马云团队看来，办公室政治在于矛盾的不断累积。

2000年，马云团队拿到高盛等公司的500万元风投，更换了新的更宽敞的办公地点，成立了部门，明确了分工，事业正在翻开新的篇章，但是矛盾也出现了。因为之前18个人中，团队的领导只有一个人，就是马云；而现在随着部门的成立，首次出现了另外三个头，当时的职务都是部门经理。在搬到新的办公地点不久后的一次聚餐中，大家发泄了自己的不解、疑惑和怨气。团队的老大哥楼文胜将大家的意见整理成一封长信发给了马云。马云在收到信后第二天就将团队所有人召集在一起，让大家把所有的怨恨、委屈都说出来。那天的会从晚上9点持续到第二天凌晨5点多，有人情绪激动，有人痛哭失声，但经过这次彻底的宣泄，他们的疑虑和误解都消除了。而同期其他公司开出4倍的工资挖人，结果没有一个人跳槽。就是这样一个允许成员犯错，有着宽大心胸，信奉"抬头说"永远比不上"低头干"的团队领袖带领着他忠诚的团队成员，用十多年的时间创造了一个又一个神话。

关于创业团队，马云自己也有总结。创业邦曾采访马云："你觉得在团队创业的过程中，应注意什么问题？另外在选取团队伙伴的时候，你是怎样思考的？"

马云说，以前我以为理想的团队是优势互补，但后来我认识到团队最重要的是宽容，每人都会犯错误，因此能不能在你的伙伴犯错误的时候包容它，能不能愿意付出更多，而不计较什么。我归纳过几类我觉得适合做创业伙伴的人。❶ 一是同学，因为同学之间是没有利益基础的；第二是以前共事多年的伙伴，一齐应对困难，应对挫折。第三是以前一齐创业过的人，而且最好一齐失败过，大家都知道底线在哪儿，都知道失败痛苦的味道是什么。如果已经组成了一个团队，那最重要的就是宽容。问自己两个问题，如果在创业过程当中，如果我觉得我付出的东西大于我对应的股份比例，比如说咱们两个的股份是一人一半，我觉得我付出了80%，我是不是能坦然开心地面对？第二个问题，如果我的合作伙伴做出一个错误的决定，当然咱们肯定讨论过争论过，但最终还是按他这个决定走了，这个决定导致了失败，我是不是能坦然应对、坦然理解？其实从组织行为学角度来讲，每个人都认为自我的付出大于自我的回报，而且你又能怎样肯定说你付出就一定比别人多，如果没有合作伙伴，根本没有这件事情。其次，谁不会做错误决定呢？就算当时按照我的决定去做也有可能一样会失败。❷

---

❶ http://www.binzz.com/gushi/5058.html.
❷ http://edu.sina.com.cn/bschool/2015-05-29/0911470544.shtml.

■ 案例9·使用说明

阿里巴巴的创始人马云和他的"十八罗汉"团队

一、教学目的与用途

本案例介绍了阿里巴巴创始人马云如何选择创业项目,组建创业团队,坚持创业的过程。在案例中,创始人从一开始就在不断地经历失败,但是每次都没有放弃。尤其是在内心选定一个创业方向之后,就坚定信念地走下去。而在组建创业团队时则坚持价值观的统一,坚持对创业团队伙伴的尊重,坚持简单开放的议事原则。

本案例可用于创业管理、人力资源管理、管理沟通等课程。

通过此案例的展示,具体的教学目的如下:

(1) 使学生了解创业者的素质和特点;

(2) 使学生了解如何选择合适的创业团队成员,如何制定创业团队组建原则;

(3) 理解创业团队的核心人物对整个创业过程和创业团队的重要性和影响。

二、启发思考题

1. 在本案例中创业者身上有哪些素质和特征?

2. 在本案例中创业者如何选择一个创业方向,在创业前期的经历对其创业有何影响?

3. 创业者如何选择创业团队中的成员?

4. 组建创业团队，如何解决创业团队的冲突？

三、分析思路

教师可以根据自己的教学目标来灵活使用本案例。这里提出本案例的分析思路，仅供参考（见图1）。

1. 案例中创业者的心理素质、身体素质、知识素质、能力素质等有哪些特征？

2. 案例中创业者的性格、人生经历对后期的创业有何影响？

3. 如何组建创业团队可以更好地解决创业团队成员的矛盾？

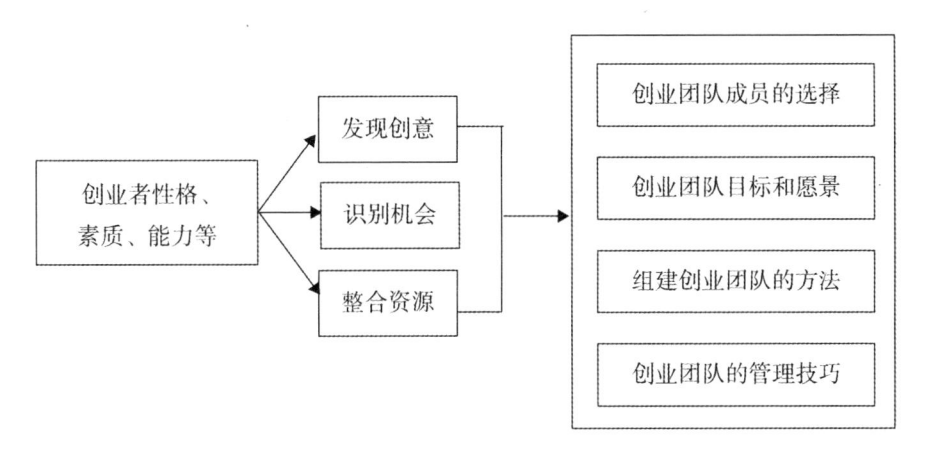

图1 创业者的创业过程

四、理论依据及分析

1. 创业者。

杰夫里·蒂蒙斯（Jeffry A. Timmons）认为创业是基于思考、推理，并在一定的动机驱使下产生的行为，因此创业者需要考虑创业每一个环节的事情，需要拥有强大的心理素质、完整的知识体系、强大的能力素质和优良的身体素质。

成功的创业者在个性、素质和能力等方面，具有一些共性特征，包括勤奋、善于学习并保持终身学习态度、善于把握机会并千方百计寻找机会、富有创新精神、出众的领导才能、执着认真、脚踏实地、高瞻远瞩并且有长远眼光。

从创业者创业的过程来看，包括发现创意、识别机会、整合资源、创建企业，到后来不断创新，带领企业发展壮大，创业者们通常都具备一些必备能力，包括敏锐的洞察力、整合资源的能力、创办企业的能力、识别机会的能力和创新的能力等。

2. 创业团队

创业团队是一个拥有共同目标并能够互相支持完成这一共同目标的群体，团队成员对创业企业的成功共同负责，承担责任，同时分享利益。随着新创企业的诞生，创业团队的形成也经历了一个自我组建、渐进磨合、愿景一致和制度化的动态演进过程。

从创业成员的个人态度、认知方面，有两种有利于组建创业团队的方法，一种是基于成员的人格特质，一种是基于共同的价值观。

（1）大五模型。创业团队成员的人格特质较多采用了大五模型。大五模型是诺曼（Norman）（1963）根据因素分析等方法分析出的五种人格因素模型（见图2）。

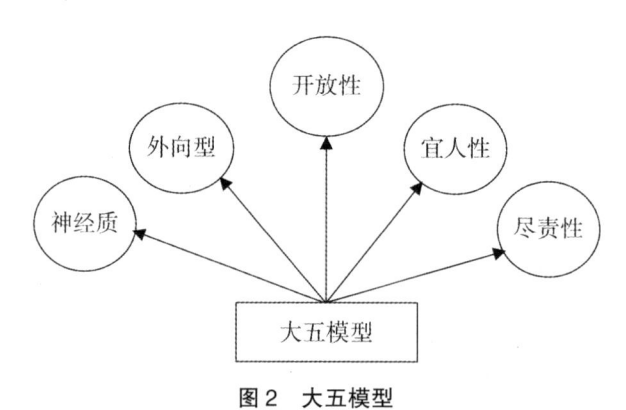

图2 大五模型

- 神经质。反映的是镇定、冷静、理智的个性特征。创业有很大的风险，冷静、理性的人格特质能帮助创业团队镇定面对突发事故，快速寻找解决问题的办法。
- 外向型。主要表现的是热情、乐观等人格特质。创业可能不会马上看到结果，许多时候需要坐冷板凳。外向型人格特质的成员有助于创业团队始终保持信心和成功的信念，坚持到底。

- 开放性。反映的是对外界事物充满好奇心、追求新奇的人格特质。创业从另一个角度看，是对原来事物的创新，提出新想法、发现新情况、生产新产品、提供新服务等。因此创业团队的成员需要保持一颗始终好奇的心，不断去挑战已有的固化的想法，不断去尝试不一样的做法，克服重重困难，才能看到成功的希望。

- 宜人性。反映的是易于沟通、相处，愿意包容、接纳别人的人格特质。团队是一群志同道合的人为了一个共同的目标集聚在一起，共同努力。拥有宜人性人格特质的成员可以充当团队的润滑剂，有助于团队减少摩擦，保持团结，使团队更有凝聚力。

- 尽责性。反映的是对所负责的事情尽心尽责，有责任感。尽责性是一种基本人格特质，对于创业团队来说，每一个成员都应该具备尽责性，对自己所负责的工作积极、主动、努力完成，为团队贡献自己的最大才智。

创业团队成员身上不同的人格特质，发挥得当就会使异质性带来更多的互补优势，使得成员之间在知识、技能、经验方面互相促进，提高工作效率。但是实际上，很多创始人会从自己熟悉的网络社会中选择创业团队成员，比如有的创业团队是由同学组成，有的是老乡，或家庭成员。那么后者就要考虑成员之间是否互相认可，在某一个方面是否能超越对个人评价的统一，也就是团队成员之间是否有共同的价值观。

（2）价值观。价值观是企业文化的核心，是组织的灵魂，是维系组织不同成员的精神支柱。价值观会引领团队成员摆脱个人因素，超越具体的事物，对某种工作行为或结果进行选择和评价。创业团队成员的价值观会影响团队的工作效率、协作质量，进而影响创业的成功。有一些企业通过不断调整、塑造共同的价值观，引导整个团队到企业所有员工为了一个目标一起奋斗，对企业具有凝聚力量，约束行为、激励共进等作用。

- 华为的核心价值观

  以客户为中心，以奋斗者为本，持续艰苦奋斗、自我批判

- 阿里巴巴的核心价值观

  客户第一、员工第二、股东第三

- 京东的核心价值观

  客户为先，让生活变得简单快乐

- 迪斯尼的价值观

  创新、品质、共享、乐观、尊重

- 微软的价值观

  正直、诚实；对客户、伙伴核心技术满怀热情；

  直率地与人相处，尊重他人并且乐于助人；

  迎接挑战，并且坚持不懈；

  严于律己，善于思考，坚持自我提高和完善；

  对客户、股东、合作伙伴或者其他员工而言，在承诺、结果和质量方面值得信赖。

- 丰田公司的核心价值观

  上下一致，制成服务；开发创造，产业报国；

  追求质朴，超越时代；鱼情友爱，亲如一家。

- IBM 的核心价值观

  诚心负责、创新为要、成就客户

3. 创业团队成员的选择：异质性和同质性。根据创业团队创业人口统计特征或者人格特质等的不同可以将创业团队称为异质性团队。具体又可以分为外部异质性团队和内部异质性团队。如图 3 所示，外部异质性团队通常从年龄、性别、教育水平等可观察和测量的方面能明显使人感觉到团队成员的不同；内部异质性则是基于认知、偏好等不同组成的团队，这些深层次特征通常是不易观察到的。同质性团队则大多基于自己的人际交往圈子选择初始的创业团队成员，后期根据需要吸引新成员或调整（见图 4）。

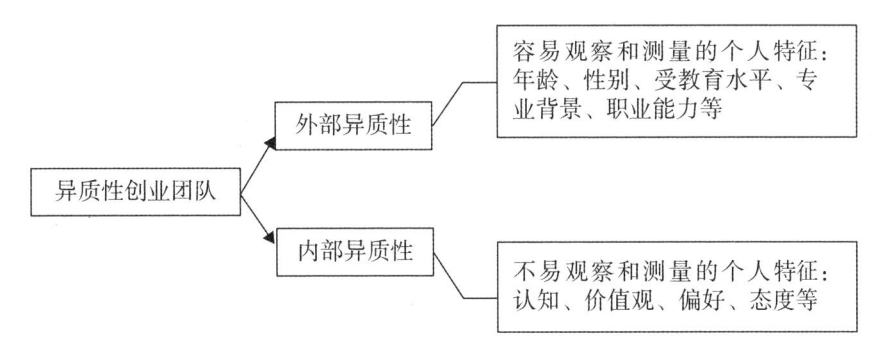

案例9·使用说明 | 阿里巴巴的创始人马云和他的"十八罗汉"团队

图3 异质性创业团队的特征

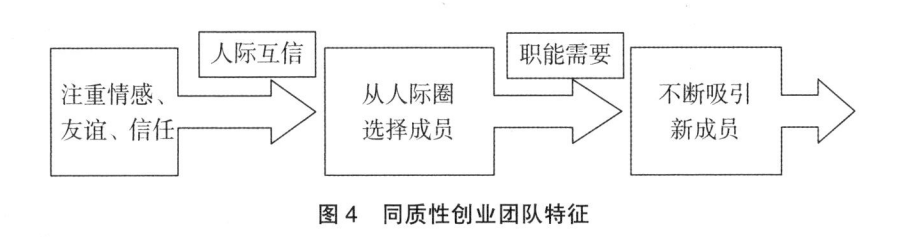

图4 同质性创业团队特征

五、关键要点

1. 成功的创业者应具备的重要素质和特征。

2. 创业团队的组建受到多种因素的影响，这些因素相互作用共同影响着组建过程并进一步影响着团队建成后的运行效率。

3. 创业团队的管理技巧和策略。

创业团队的管理重点是在维持团队稳定的前提下发挥团队多样性优势，激励团队成员协作共进。根据创业团队经历的不同阶段，可能需要不同的管理技巧和策略。

（1）组建期：团队自发形成阶段。这个阶段如何根据创业项目、目标、创业理念选择有共识的成员很重要，在组建之后，就面临着成员的分工，以及根据个人的能力、初始资金比例等合理分配股权。在早期，清晰明确的分工和合理的股权分配为后期的合作打下了良好的基础。

（2）磨合期：团队渐进磨合阶段。在团队组建完成后，创业团队成员将集中全力寻找商机，进行项目选择、产品开发、技术研究等，这个阶段进入团队合作的第一个时期，成员开始通过各种资源、能力的整合、合作，增进相互了解，同时也开始有摩擦发生。

（3）形成期：团队愿景一致阶段。经过摩擦和磨合期，团队成员逐渐适应了团队的工作氛围，了解了其他成员的性格特征，基本形成了共同的目标和理念，这时就需要更进一步地强化形成组织共同的愿景和价值观。

（4）稳固期：团队制度文化稳定阶段。在团队愿景基本形成之后，创业团队已经在组织中稳固下来，创业团队成员已彼此充分了解，并且高度认可组织的发展目标、未来的战略规划等，团队成员的角色和分工更加清晰稳定，组织结构越来越规范，这时就要把这些规范的措施形成制度，把好的做法和经过完善修改的做法进行推广，将激励、奖励等写进条例，逐步形成企业文化。

六、建议分析路线

1. 本案例主要面对管理类专业的学生，可以是本科生、研究生或者MBA学生。可以首先让学生阅读案例，围绕案例收集相关资料。MBA学生要提前准备资料，汇报自身公司的情况，进行比较。

2. 组织学生分组讨论，模拟创业者和创业团队成员，担任不同角色，对问题进行分析。

3. 伴随讨论的不断深入，根据学生对问题的分析程度，再增加一些相关的假设条件，从而提高对问题分析的复杂程度和对案例讨论的灵活性。也可以引导学生考虑，在不同的假设条件下还有哪些方式、方法、措施和手段可以选择。

4. 如果时间充足的话，可以让学生结合以前学习过的相关内容，扩展思路，对创业者中成功和失败企业的经验教训进行分析，进一步加深对创业者和创业团队组建的认识。

5. 最后，在各组讨论的基础上，老师提出供学生参考的观点，并进一步提出深入思考性的问题，为后续课程的讲授做好铺垫。

七、建议课堂计划

本案例可以作为专门的案例讨论课来进行。如下是按照时间进度提供的课堂计划建议，仅供参考。

整个案例课的课堂时间控制在 80~90 分钟。

课前计划：提出启发思考题，请学员在课前完成月度和初步思考。

课中计划：简要的课堂前言，明确主题（2~5 分钟）；

　　　　　分组讨论，告知发言要求（30 分钟）；

　　　　　小组发言（每组 5 分钟，控制在 30 分钟）；

　　　　　引导全班进一步讨论，并进行归纳总结（15~20 分钟）。

课后计划：如有必要，请学员采用报告形式给出更加具体的解决方案，包括具体的职责分工，为后续章节内容做好铺垫。

■ 案例 10 · 正文

黄金创业团队——腾讯"五虎将"[1]

【摘　要】 本案例描述了腾讯创业团队的 5 个创始人，包括马化腾、张志东、曾李青、许晨晔和陈一丹，既讲述了该团队的创业初衷，又讲述了每一个创始人的特长和个性特征，以及这个创业团队的磨合、成长。通过案例，可以发现正是因为"腾讯五虎"组成的黄金创业团队同心协力、目标一致，既发挥了每个人的特长，又能始终紧密团结在一个核心创始人周围，所以腾讯虽历经磨难却不断发展壮大。

【关键词】 创始人；创业团队

0　引言

叔本华曾说过这样一句话，单个的人是软弱无力的，就像漂流的鲁滨孙一样，只有同别人在一起，他才能完成许多事业。已有的文献研究和资料也已表明，团队创业的成功率高于个人创业的成功率，并且随着创业竞争的加剧、创业环境的复杂、人才争夺的激烈，越来越多的创业者选择了团队创业。那么如何找到合适的团队成员，如何组建一个能力性格互补又互相欣赏的创业团队呢？对于初创企业而言，招聘普通员工是比较容易的，困难的是如何找到创业团队里的成员并能够在后期的创业过程中竭诚

---

[1] 由于企业保密的要求，在本案例中对有关名称、数据做了必要的掩饰性处理。本案例资料主要来自互联网，是对二手资料的整理、改编。本案例无意暗示或说明某种管理行为是否有效。只供课堂讨论之用，绝不用于任何商业用途。

案例10·正文 | 黄金创业团队——腾讯"五虎将"

合作、共同奋斗，带领企业不断成长。这是每一个创业者都要面临的重要问题。下面将要介绍的这个创业团队因其良好的成员结构，成员之间性格互补、优势互补又互相信任，在短时间内将一个互联网企业发展成为行业中的佼佼者，其创业团队被称为"黄金创业团队"。2007年，这个创业团队在人民大会堂获得了第三届中国企业公民特殊贡献奖，中央电视的颁奖词是，九年来，他们以责任为导航，视员工为最宝贵的财富，以为用户创造最大价值为目标，延续通过互联网提高人类生活品质的梦想。

1 稳健合理的创业团队

1999年，马化腾与他的同学张志东"合资"注册了深圳腾讯计算机系统有限公司。之后又吸纳了另外三位股东：曾李青、许晨晔、陈一丹。这5个创始人的QQ号，据说是从10001到10005。为避免彼此争夺权力，马化腾在创立腾讯之初就考虑到团队合作的问题，因此并没有一味地根据喜好和认同感来选择团队成员，而是充分考虑到了彼此的性格、优势等，还有利益分配对创业团队持续发展的重要性等，从一开始和其他四个伙伴约定：大家各展所长、各管一摊，同时五位创始人共同持有公司的大部分股份。在分工方面，马化腾是CEO（首席执行官），张志东是CTO（首席技术官），曾李青是COO（首席运营官），许晨晔是CIO（首席信息官），陈一丹是CAO（首席行政官）。基本上做到了在某一个方面都有一个最优秀的人能够提供最优秀的方案，进行理性决断，而整个团队又有一个能够控制整体大局的人来控制整个团队和公司的发展。腾讯的创始者马化腾和其他四人因此堪称是难得的理性创业团队标杆。

之所以将创业五兄弟称之为"难得"，是因为直到2005年的时候，这五人的创始团队还基本是保持这样的合作阵形，不离不弃。很多创业团队的成员在决策时通常互不让步，坚持自我，没有一个统一的中心，但是腾讯在迅速壮大的过程中，创始团队的成员也一直是互相认可、互相统一、稳定合作。在这个背后，工程师出身的马化腾从一开始对于合作框架的理性设计功不可没。

在马化腾看来，未来的潜力要和应有的股份匹配，不匹配就要出问题。如果拿大股的不干事，干事的股份又少，矛盾就会发生。腾讯创业团队的5个人一共凑了50万元，其中马化腾出资23.75万元，占了47.5%的股份；张志东出资10万元，占20%；曾李青出资6.25万元，占12.5%的股份；其他两人各出5万元，各占10%的股份。虽然主要资金其实都由马化腾所出，他却自愿把所占的股份降到一半以下，47.5%。"要他们的总和比我多一点点，不要形成一种垄断、独裁的局面。"而同时，他自己又一定要出主要的资金，占大股，是因为"如果没有一个主心骨，股份大家平分，到时候也肯定会出问题，同样完蛋"。

据《中国互联网史》作者林军回忆说，"马化腾非常聪明，但非常固执，注重用户体验，愿意从普通用户的角度去看产品。张志东是脑袋非常活跃，对技术很沉迷的一个人。马化腾技术上也非常好，但是他的长处是能够把很多事情简单化，而张志东更多是把一个事情做得完美化"。

许晨晔是马化腾、张志东在深圳大学计算机系的同学，他是一个非常随和、有自己观点但不轻易表达的人，是有名的"好好先生"。而陈一丹是马化腾在深圳中学时的同学，后来也就读深圳大学，他十分严谨，同时又是一个非常张扬的人，他能在不同的状态下激起大家的激情。而曾李青被认为是腾讯5个创始人中最好玩、最开放、最具激情和感召力的一个，与温和的马化腾、爱好技术的张志东相比，是另一个类型。其大开大合的性格，也比马化腾更具备攻击性，更像拿主意的人。

后来，马化腾在接受多家媒体的联合采访时承认，他最开始也考虑过和张志东、曾李青三个人均分股份的方法，但最后还是采取了5人创业团队，根据分工占据不同的股份结构的策略。即便是后来有人想加钱、占更大的股份，马化腾也说不行，"根据我对你能力的判断，你不适合拿更多的股份"。当然，经过几次稀释，最后他们上市所持有的股份比例只有当初的1/3，但即便是这样，他们每个人的身价都还是达到了数十亿元人民币，是一个皆大欢喜的局面。

可以说，在中国的民营企业中，能够像马化腾这样，既包容又拉拢，选择性格不同、各有特长的人组成一个创业团队，并在成功开拓局面后还能依旧保持着长期默契合作，是很少见的。而马化腾成功之处，就在于其从一开始就很好地设计了创业团队的责、权、利。能力越大，责任越大，权力越大，收益也就越大。

2　市场干将曾李青

据林军《沸腾十五年》记载，根据多名腾讯员工的描述，曾李青是一个市场和运营的干将，他当年负责开拓腾讯市场，是腾讯最终能够上市的核心因素。

因为曾李青比马化腾要富态很多，在穿着上也明显更商务一些，在语言表达和人际沟通方面也要强上许多。因此，每次两个人结伴出去谈商务合作，曾李青总是会被人误认为是大老板，而外表清秀、给人大学男生印象的马化腾总是会被认为是公司的运营助理或秘书的角色。

马化腾和张志东创办公司的一个月后，曾李青作为第三个创始人加入。他是深圳互联网的开拓人物之一，是深圳乃至全国第一个宽带小区的推动者，这个项目说白了也就是个系统集成项目，一方面去买设备，然后加价卖给地产商，这个项目差点夭折，原因是电信设备提供方要的钱和地产商能承担的价格都一样，都是120万，但曾李青很想把这个项目做成，最后还真做成了。为了这个项目能通过，曾李青把财务、行政和采购等相关部门的人都叫在一起，曾李青当时给大家算了一个账，说，我们跟设备提供商签订设备购买的协议，约定在实施工程的一年中，根据工程的进度和当时的设备时价来付款，他提醒大家，这个工程要做一年，一年的时间内统筹得好这120万的设备最多80万就能拿下；而我们抓紧和地产商签协议，让他们先付款，我们先收120万再说，所以这个项目稳赚。那时是20世纪90年代中期，曾李青以类似做期货的方式做系统集成的手法让许多人很佩服。

曾李青后来离开腾讯后，过了几个月"清闲"生活，每天在家看电视、打游戏。后来成为一个投资人，因为曾李青很想避开与老东家相似的业务，于是投了五六个服装、旅游甚至房地产项目，结果铩羽而归，有时候投了差不多三四千万，有的公司从投资到关门，连一片叶子都没看到。面对《环球企业家》的记者，他回忆起当年的失败，似乎在讲述别人的故事，"无所谓，就当交学费了"。之后，豁达的他也不再"避嫌"，回到了熟悉的行业——互联网。2007年年底，曾李青投资了淘米网，这不是他投资的第一家互联网公司，但这是最成功的一家。淘米网创始人汪海兵，曾是曾李青的部下——腾讯"QQ宠物"项目总监，他当时想做中国最大的儿童社区，找到曾李青后二人一拍即合。

在外界看来，投资前腾讯员工创业的公司是曾李青的"独家秘籍"。除了汪海兵，贝瓦网CEO杨威也是腾讯的员工。但他表示，并非一开始就有意为之，而是经过一年多的投资后，通过统计，忽然发现所投的大部分创业者都是腾讯离职员工，后来就把这个定为投资的规则。他笑言，"当年这些人帮助老板创业，现在我也要帮助他们创业"。

曾李青认为，投资人和创业者，这两者之间有一种很微妙的关系，需要互相信任和了解。"如果一个投资人只听一个陌生创业者讲故事就去投，风险太大。而对于前腾讯员工和我的熟人圈子，我对他们的素质和水平比较了解，这样风险就大大降低了。"因此，曾李青投资基本奉行"一流团队，二流项目"的标准。

3 稳健的陈一丹

当曾李青在投资领域做得风生水起的时候，腾讯的另一位创始人陈一丹于2013年3月宣布离开腾讯，成为第二位离开腾讯的"五虎将"成员。陈一丹是广东潮阳人，先后毕业于深圳大学、南京大学，自1999年起全面负责腾讯公司的行政、法律、政策发展、人力资源以及公益慈善基金事宜，同时还负责管理机制、知识产权及政府关系。他是马化腾在深圳中学的同学，后来就读深圳大学化学系，有律师执业证，非常严谨，同时又是一个非常张扬的人，他能在不同的时候激起大家激情的状态。对于更多人而言，腾讯的首席代表是马化腾，其他的人都站在马化腾背后。陈一丹更

案例 10·正文 | 黄金创业团队——腾讯"五虎将"

是低调中的低调,任职腾讯 15 年,几乎没有一次接受过媒体的个人专访。一位曾在腾讯任职 11 年的资深员工提及陈一丹时说,在腾讯从小公司到大公司的规范发展、规范化管理方面,陈一丹做出了很大的贡献。他的管理特点是既能兼顾效率,又能兼顾人性化的管理,使公司内外符合相关的规定和政策,在一个稳定的道路上发展。腾讯另一位法律顾问汪涌则说,他是一位温和低调的智者,有和他年龄不相称的长者之风和远见卓识,他一手打造的法务团队是我见到的国内最强团队。

而在腾讯内部,陈一丹和马化腾都被认为是性格稳健的人,考虑事情非常清楚、长远。此外,他们又很互补——马化腾是产品和技术的佼佼者,会有很多新点子、新策略,而陈一丹很快就领会,并从专业角度提醒实践中应该注意哪些问题,会涉及哪些法律。马化腾曾在回复陈一丹的离职邮件中说道,他是腾讯创业过程中不可缺少的人,为公司的职能体系、价值观、文化建设和公益慈善事业的付出是独一无二的,他完美地诠释了首席行政官的定义。[1] 陈一丹少有的公开发言中,对腾讯创业团队的评价是,腾讯在发展过程中,五位创始人有过很多争论,不同的意见经常发生碰撞,但是他们一直坚持做受人尊敬、有责任心的企业公民,这是五位创始人的共同想法和愿望,也是他们经营腾讯的一致目标。[2]

陈一丹的离职历程也体现了他的"稳"。他在卸任时接受《21 世纪经济报道》的采访时报道,自己在 2011 年已经决定交棒,而倒计时的这近两年里他已经为最终离开腾讯做了很多铺垫。他在离职邮件中也透露,两年前已经有了离职的想法,并且与其他创始人进行了沟通,在征得其他创始成员的同意后,才着手安排自己卸任的步骤。经过两年的安排,业务稳定,团队成型后,他才决定正式离职。

另外陈一丹还被认为是一个顾家的、有责任心的人。在腾讯的创始人中,他是较早结婚生子的人,从家人关怀的角度上,建立了腾讯公司对于

---

[1] 腾讯 CAO 陈一丹:马化腾背后的男人,http://www.chinaz.com/visit/2013/0321/296733.shtml.

[2] 腾讯创始人团队——开启网络公益纪元,http://gongyi.qq.com/a/20071219/000012.htm.

家属的各种福利制度。腾讯的慈善公益线，是他主导去推行的，因而腾讯也成为国内较早建立慈善部门的互联网公司。在陈一丹的个人慈善方面，他曾出资1 000万元在中南财经政法大学设立奖学金，用来奖励优秀的教育工作者和品学兼优的学生。

4 技术天才张志东

张志东身兼腾讯的执行董事和首席技术官，专门负责技术开发工作，一直相对低调，很少见之公众场合。据公开资料，张志东是一个绝对的技术天才，在深圳大学，张志东和马化腾都属于计算机技术拔尖的一拨，但张志东是其中最拔尖的；即便放大到深圳整个计算机发烧友的圈子里，张志东都是其中的翘楚性人物。

他个子不高，圆脸，说话总带微笑，比马化腾和曾李青要矮上一头，但讨论技术问题时会有些偏执，有时也会激动得脸红脖子粗。张志东很值得尊敬，一是其技术上的炉火纯青，即便是他的对手，都对这点佩服得五体投地。QQ的架构设计源于1998年，十年过去了，用户数从之前设计的百万级到现在的数以亿计，整个架构还在适用，真的难能可贵，甚至说不可思议。据腾讯内部人员介绍，张志东除了在即时通讯基础构架上做了巨大贡献外，在微信以及其他产品层面同样贡献巨大。二是其对物质上的追求极低，在腾讯创始人纷纷在澳洲买别墅、开游艇，高管集体团购宝马的态势下，张志东一直开着20多万的中档车。

他在离职信中，说自己的个性比较急躁和固执，能力也不全面。同时感谢创业团队的包容，可以让他发挥所长，修正缺点，获得成长。他提到在腾讯快速发展的过程中遇到过很多难关，正是团队成员的互相包容、扶持，凝聚了力量。而马化腾则称张志东是腾讯公司用户价值观最坚持的践行人，他最能站在用户角度考虑问题，并使这种理念融进了公司用户导向的基因。❶

---

❶ http://www.huxiu.com/article/30130/1.html.

5　笃定的许晨晔

许晨晔，是腾讯首席信息官，和马化腾、张志东同为深圳大学计算机系的同学，在深圳大学毕业后进修了南京大学计算机应用专业研究生，毕业后则进入深圳电信数据分局工作，与曾李青是同事。他最大的爱好是与人聊天，兴趣广泛。

在许晨晔极少的公开发言中，他讲述了腾讯创业团队的5个人是如何走到一起的。他的脸上带着习惯性的微笑，笃定地说："虽然我们毕业之后接触并不太多，但是我们知道各自的风格，我虽然不知道要做的事情能到怎样的程度，但是我知道大家肯定是认认真真地去做，不会说是打打闹闹玩一会儿，做来做去没有下文的那种人，所以这个事情我就值得参与。当时并没有其他特别的想法，就是觉得这个事情做了不会浪费时间。所以当时大家都很爽快地答应了。"

资料来源：

http://www.iceo.com.cn/renwu2013/2014/0530/291605.shtml.

■ 案例 10·使用说明

黄金创业团队——腾讯"五虎将"

一、教学目的与用途

腾讯的创业团队之所以成功,能够维持的时间比较长,得益于合理的利益分配机制和权力制衡机制,同时更重要的是创业团队成员之间的优势互补、互相包容。本案例介绍了腾讯创业团队的 5 个创始人,包括马化腾、张志东、曾李青、许晨晔和陈一丹,讲述了团队的创业初衷,每一个创始人的特长,希望案例能够帮助学生深刻理解创业团队的重要性及创业团队的组建和管理。

本案例可用于人力资源管理、管理沟通、创业管理等课程。

通过此案例的展示,具体的教学目的如下:

(1) 使学生了解创业者的素质和特点;

(2) 使学生了解创业团队是如何组建的,应该注意哪些方面;

(3) 使学生了解在创业成功之后如何管理创业团队。

二、启发思考题

1. 案例中创业者身上有哪些素质和特征?

2. 创业者如何选择一个创业方向,在创业前期做了哪些准备?

3. 创业者如何组建创业团队,管理创业团队,进而保持创业团队凝聚力?

三、分析思路

教师可以根据自己的教学目标来灵活使用本案例。这里提出本案例的

分析思路，仅供参考（见下图）。

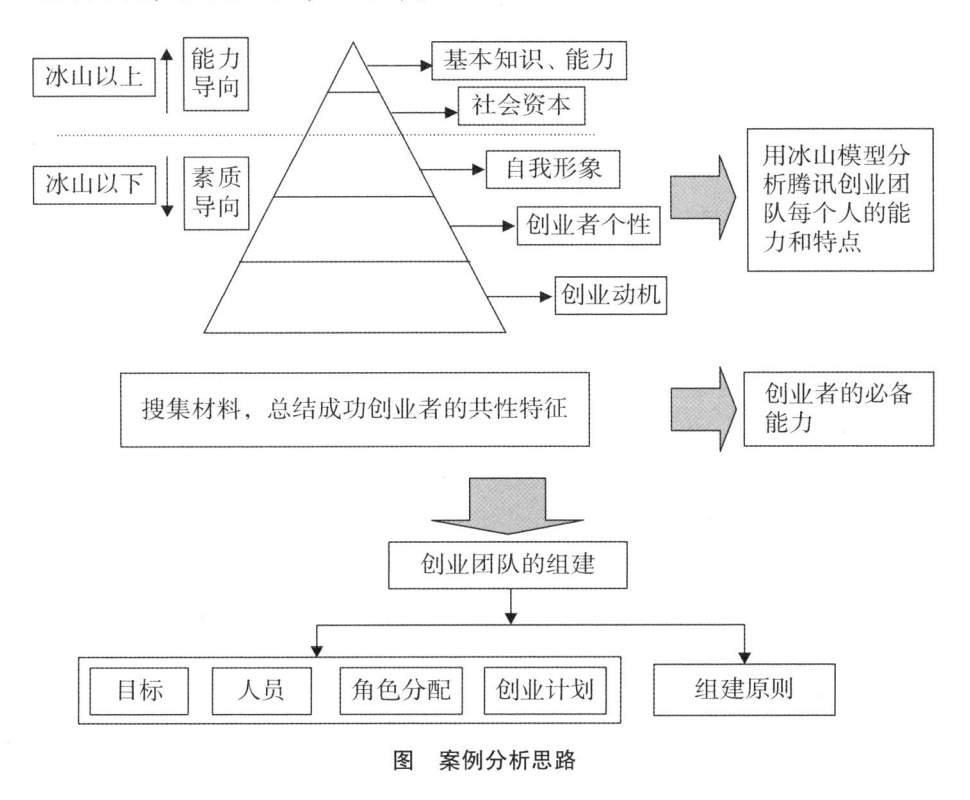

图　案例分析思路

1. 从冰山模型出发，说明案例中创业者的心理素质、身体素质、知识素质、能力素质等有哪些特征。

2. 收集材料，总结成功创业者的共性特征，说明创业者应该具备哪些必备的能力。

3. 案例中创业者有怎样的创业经历，这 5 个创业者是如何组建成一个创业团队的？

4. 在创业成功之后，创业团队的管理最应该注意什么方面？

四、理论依据及分析

1. 创业团队的组成要素。

一般而言，创业团队由四大要素组成：

（1）目标。目标是将人们的努力凝聚起来的要素，从本质上来说创业团队的根本目标都在于创造新价值。

（2）人员。任何计划的实施最终还是要落实到人的身上去。人作为知识的载体，所拥有的知识对创业团队的贡献程度将决定企业在市场中的命运。

（3）承担角色。团队成员的角色分配，即明确各人在新创企业中担任的职务和承担的责任。

（4）创业计划，即制定成员在不同阶段分别要做哪些工作以及怎样做指导计划。

2. 创业团队组建的原则和影响因素。

（1）创业团队组建的基本原则。

目标明确合理原则。目标必须明确，这样才能使团队成员清楚地认识到共同的奋斗方向是什么。与此同时，目标也必须是合理的、切实可行的，这样才能真正达到激励的目的。

互补原则。创业者之所以寻求团队合作，其目的就在于弥补创业目标与自身能力间差距。只有当团队成员相互间在知识、技能、经验等方面实现互补时，才有可能通过相互协作发挥出"1+1>2"的协同效应。

精简高效原则。为了减少创业期的运作成本，最大比例地分享成果，创业团队人员构成应在保证企业能高效运作的前提下尽量精简。

动态开放原则。创业过程是一个充满不确定性的过程，团队中可能因为能力、观念等多种原因不断有人离开，同时也有人要求加入。因此，在组建创业团队时，应注意保持团队的动态性和开放性，使真正完美匹配的人员能被吸纳到创业团队中来。

（2）创业团队组建的主要影响因素。

创业团队的组建受多种因素的影响，这些因素相互作用共同影响着组建过程并进一步影响着团队组建后的运行效率。

创业者。创业者的能力和思想意识从根本上决定了是否要组建创业团队、团队组建的时间表以及由哪些人组成团队。创业者只有意识到组建团队可以弥补自身能力与创业目标之间存在的差距，才有可能考虑是否需要组建创业团队，以及对什么时候需要引进什么样的人员和自己形成互补做出准确判断。

团队目标与价值观。共同的价值观、统一的目标是组建创业团队的前提，团队成员若不认可团队目标，就不可能全心全意为此目标的实现而与其他团队成员相互合作、共同奋斗。而不同的价值观将直接导致团队成员在创业过程中脱离团队，进而削弱创业团队作用的发挥。没有一致的目标和共同的价值观，创业团队即使组建起来，也无法有效发挥协同作用，缺乏战斗力。

团队成员。团队成员能力的总和决定了创业团队的整体能力和发展潜力。创业团队成员的才能互补是组建创业团队的必要条件。而团队成员间的互信是形成创业团队的基础。互信的缺乏，将直接导致团队成员间协作障碍的出现。

外部环境。创业团队的生存和发展直接受到了制度性环境、基础设施服务、经济环境、社会环境、市场环境、资源环境等多种外部要素的影响。这些外部环境要素从宏观上间接地影响着对创业团队组建类型的需求。

3. 创业团队的主要工作。

（1）明确创业目标。创业团队的总目标就是要通过完成创业阶段的技术、市场、规划、组织和管理等各项工作，实现企业从无到有、从起步到成熟。总目标确定之后，为了推动团队最终实现创业目标，再将总目标加以分解，设定若干可行的、阶段性的子目标。

（2）制订创业计划。在确定了一个个阶段性子目标以及总目标之后，紧接着就要研究如何实现这些目标，这就需要制订周密的创业计划。创业计划是在对创业目标进行具体分解的基础上，以团队为整体来考虑的计划。创业计划确定了在不同的创业阶段需要完成的阶段性任务，通过逐步实现这些阶段性目标来最终实现创业目标。

（3）招募合适的人员。招募合适的人员是创业团队组建最关键的一步。关于创业团队成员的招募，主要应考虑两个方面：一是考虑互补性，即考虑其能否与其他成员在能力或技术上形成互补。这种互补性的形成既有助于强化团队成员间彼此的合作，又能保证整个团队的战斗力，更好地发挥团队的作用。一般而言，创业团队至少需要管理、技术和营销三个方面的人才。只有这三个方面的人才形成良好的沟通协作关系后，创业团队才可能实现稳定高效；二是考虑适度规模，适度的团队规模是保证团队高效运转的重要条件。团队成员太少，无法实现团队的功能和优势，而过多又可能会产生交流的障碍，团队很可能会分裂成许多较小的团体，进而大大削弱团队的凝聚力。一般认为，创业团队的规模控制在2~12人最佳。

(4) 职权划分。为了保证团队成员执行创业计划、顺利开展各项工作，必须预先在团队内部进行职权的划分。创业团队的职权划分就是根据执行创业计划的需要，具体确定每个团队成员所要担负的职责以及相应所享有的权限。团队成员间职权的划分必须明确，既要避免职权的重叠和交叉，也要避免无人承担造成工作上的疏漏。此外，由于还处于创业过程中，面临的创业环境又是动态复杂的，会不断出现新的问题，团队成员可能不断更换，因此创业团队成员的职权也应根据需要不断地进行调整。

(5) 构建创业团队制度体系。创业团队制度体系体现了创业团队对成员的控制和激励能力，主要包括团队的各种约束制度和激励制度。一方面，创业团队通过各种约束制度（主要包括纪律条例、组织条例、财务条例、保密条例等）指导其成员避免做出不利于团队发展的行为，实现对其行为进行有效的约束、保证团队的稳定秩序。另一方面，创业团队要实现高效运作，需要有效的激励机制（主要包括利益分配方案、奖惩制度、考核标准、激励措施等），使团队成员能看到随着创业目标的实现，其自身利益将会得到怎样的改变，从而达到充分调动成员的积极性、最大限度发挥团队成员作用的目的。要实现有效的激励首先就必须把成员的收益模式界定清楚，尤其是关于股权、奖惩等与团队成员利益密切相关的事宜。需要注意的是，创业团队的制度体系应以规范化的书面形式确定下来，以免带来不必要的混乱。

（6）团队的调整融合。完美组合的创业团队并非创业一开始就能建立起来的，很多时候在企业创立一定时间以后，随着企业的发展逐步形成。随着团队的运作，团队组建时在人员匹配、制度设计、职权划分等方面的不合理之处会逐渐暴露出来，这时就需要对团队进行调整融合。由于问题的暴露需要一个过程，因此团队调整融合也应是一个动态持续的过程。在进行团队调整融合的过程中，最为重要的是要保证团队成员间经常进行有效的沟通与协调，强化团队精神，提升团队士气。

五、关键要点

1. 选择合适的团队成员。

建立优势互补的创业团队是保持创业团队稳定性的关键，也是规避和降低团队组建模式风险的有效手段。在团队创建初期，人数不宜过多，能满足基本的需求。在成员选择上，要综合考虑成员在能力和技术上的互补性。而且，成员的能力和技术应该处于同一等级，不宜差异过大。如果团队成员在对项目的理解能力、表达能力、执行能力、社会资源能力和思维创新能力等方面存在较大的差异性，就会产生严重的沟通和执行障碍。

此外，在选择成员时还要考虑创业激情的影响。在企业初创期，所有成员每天都需要超负荷工作，如果缺乏创业激情和对事业的信心，不管其专业水平多高，都可能成为团队中的消极因素，对其他成员产生致命的负面影响。

2. 确定清晰的创业目标。

创业团队在实践中要不断总结和吸取教训，形成一致的创业思路，勾画出共同的目标，以此作为团队努力的方向，鼓励团队成员积极掌握工作内容和职责，竭诚与他人合作交流，贡献个人能力。

创业团队的目标必须清晰明确，能够集中体现出团队成员的利益，与团队成员的价值趋向一致，并保证所有团队成员都能正确理解，这样才能发挥、鼓励和激励团队成员的作用。此外，创业团队的目标还必须切实可行，既不应太高，也不应太低，能够随着环境和组织的变化及时更新和调整。

3. 制定有效的激励机制。

正确判断团队成员的"利益需求"是有效激励的前提。实际上，不同类型的人员对于利益的需求并不完全一样，有些成员将物质追求放在第一位，而有些成员则是希望能够获得荣誉、发展机会、能力提高等其他利益。因此，创业团队的领导者必须加强与团队成员的交流，针对各成员的情况采取合理的激励措施。创业团队的利润分配体系必须体现出个人贡献价值的差异，而且要以团队成员在整个创业过程中的表现为依据，而不仅是某一阶段的业绩。其具体分配方式要具有灵活性，既包括诸如股权、工资、奖金等物质利益，也包括个人成长机会和相关技能培训等内容，并且能够根据团队成员的期望进行适时调整。

马化腾的创业团队多年来十分稳定，与其利润分配机制的有效性是分不开的。虽然腾讯公司的股权多次转让，但是它5位创办人一直共同持有公司的大部分股份。

六、建议分析路线

1. 本案例主要针对管理类专业的学生，可以是本科生、研究生或者MBA学生。可以首先让学生阅读案例，围绕案例收集相关资料。MBA学生要提前准备资料，汇报自身公司的情况，进行比较。

2. 组织学生分组讨论，模拟创业团队成员，担任不同角色，对问题进行分析。

3. 伴随讨论的不断深入，根据学生对问题的分析程度，再增加一些相关的假设条件，从而提高对问题分析的复杂程度和对案例讨论的灵活性。也可以引导学生考虑，在不同的假设条件下还有哪些方式、方法、措施和手段可以选择。

4. 如果时间充足的话，可以让学生结合以前学习过的相关内容，扩展思路，对创业者中成功和失败企业的经验教训进行分析，进一步加深对创业者和创业团队组建的认识。

5. 最后，在各组讨论的基础上，老师提出供学生参考的观点，并进一步提出深入思考性的问题，为后续课程的讲授做好铺垫。

七、建议课堂计划

本案例可以作为专门的案例讨论课来进行。如下是按照时间进度提供的课堂计划建议，仅供参考。

整个案例课的课堂时间控制在 80~90 分钟。

课前计划：提出启发思考题，请学员在课前完成月度和初步思考。

课中计划：简要的课堂前言，明确主题（2~5 分钟）；

分组讨论，告知发言要求（30 分钟）；

小组发言（每组 5 分钟，控制在 30 分钟）；

引导全班进一步讨论，并进行归纳总结（15~20 分钟）。

课后计划：如有必要，请学员采用报告形式给出更加具体的解决方案，包括具体的职责分工，为后续章节内容做好铺垫。

■ 案例 11·正文

路就在脚下么？——BL 公司战略抉择[1]

【摘　要】 本案例描述了小微企业创业伙伴在发展战略遭遇困难的时候，创始人之间由于创业动机、志向、思维习惯和性格等差异，在对公司未来战略进行决策时出现了重大分歧。如果创始人之间意见不合的情形继续恶化下去，这将给公司带来灾难性的后果。

【关键词】 创业；战略；收购

0　引言

金秋十月的一天，BL 公司总经理刘纪伟眉头紧蹙，手里夹着快要燃尽的一小段烟头，惆怅地站在办公室窗前，看着远处红叶遍布的山头，若有所思。他根本没有心情在这秋高气爽的日子里出去走走，欣赏大自然绘制的纷繁画卷。心乱如麻的他真不知道如何是好了，那些烦恼的事情已经困扰他快一年了。

1　背景信息

BL 公司始创于 2005 年，主要从事企业员工培训工作，由 4 位年轻人合

---

[1] 1. 本案例由北京联合大学管理学院的陶金元老师撰写，作者拥有著作权中的署名权、修改权、改编权。

2. 本案例授权北京联合大学管理学院使用，北京联合大学管理学院享有复制权、修改权、发表权、发行权、信息网络传播权、改编权、汇编权和翻译权。

3. 由于企业保密的要求，在本案例中对有关名称、数据等做了必要的掩饰性处理。

4. 本案例只供课堂讨论之用，并无意暗示或说明某种管理行为是否有效。

作创建。其中刘纪伟学的是中文，毕业于一家师范大专院校，先后有着多年的市场营销和培训工作经验；王勇则有着丰富的市场营销工作经验，在担任多年部门经理升迁无望后选择创业；荆力则是一位退伍军人，做事周密且雷厉风行；李璐则是一位经验丰富的财务专业人士，社交能力很强。

公司创建后经历了一段飞速发展的时期，8年内，营业额和利润连年翻番，几个合伙人都住上了大房子，开着几十万的车，在一个省会城市，也算是不错的中产了。但是，随着市场的发展，众多竞争对手纷纷进入，市场竞争越来越激烈，营业额近几年持续下滑，2015年的利润几乎为零。最近一家国外的教育培训公司AB公司对其遍布全省、部分大客户辐射全国重点省市的业务渠道很感兴趣，而且他们虽然只有20多个人，但是管理体系比较完善，业务流程非常规范，这也是外资公司并购他们比较看中的方面。

对于几个创始人而言，创建企业是他们共同的追求，但是当企业经营不善时，如何寻找出路，则有显著不同的倾向。在这种情况下，企业到底应该走向何方成了几个创业者最为头疼也是争论最为激烈、分歧最严重的一个话题。

2 创业情怀

1995年7月初，刘纪伟毕业于一家师范学院，自然地成为一名中学老师，教师这个岗位也是令人艳羡的一个选择。然而，刘纪伟对于自己做老师的这个选择，既充满憧憬，又带有隐隐的一丝不安。刘纪伟被分到了河南一个地级市中学教语文，并担任班主任。教师工作是快乐和单纯的，主要和孩子打交道；教师工作也是枯燥的，日复一日，年复一年，总是重复着相同的内容，尤其是20世纪90年代的中学老师，没有太多的发挥余地。转眼三年过去了，和大家一样，在父母的催促下，他娶了一个高中同学，很快就有了孩子，过着平淡而安定的生活。

孩子出生后不久，生活压力陡然加大。一方面，3岁以下的婴幼儿实在熬人，夫妻二人都缺乏经验，双方的父母虽然都能帮点忙，但是家里兄弟姐妹比较多，没有人能够一直在他们身边帮忙照顾孩子，两人都变得烦躁，夫妻关系开始面临挑战；另一方面，二人虽然是高中同学，妻子也确实贤惠,却是受家庭压力所结合,其实没有太多的共同语言,更让他们变得不够和谐;更重要的是,此时,物价开始飞涨,微薄的工资对于家庭开支显得很无力。

很快,毕业5周年聚会,竟然有同学短短几年就成了大款,开好车,还有随从。更要命的是,有几个同学去了北京、上海、广州等大城市,他们侃侃而谈,脸上充满了自豪感、优越感和成就感。想到自己微薄的工资和压抑的家庭生活,刘纪伟内心很是抑郁。原来睡他下铺的王军看到他的表现,说:"你小子是不是不高兴了,早就告诉你,不要回老家,趁年轻,到外面多闯闯,你非要听你家里的话,有空到北京来找我啊,我有个广告公司,和很多公司有合作,可以给你介绍工作,一个月的工资够你在家赚一年的。"这一次的小聚会,尤其是同学的话让刘纪伟思考了很久。回到学校,一直在沉思,再看看家庭生活,他似乎听到内心的一个声音,要努力地改变自己,追寻自我。

和王军打了几个长电话后,刘纪伟决定辞职北上。毫无疑问,家庭内部的一场大辩论几乎变成战争,父母、岳父母、妻子、亲朋无不加以阻挠,刘纪伟险些就要屈服,好在好友王军一天一个电话鼓动着他,让他坚持到底。最终,看着家人和亲朋失望的脸,他把背影留给了家乡,在一个清凉的早晨,一个人踏上了北去的火车。

在王军的帮助下,刘纪伟进入了一家外资保险公司,那年头,保险公司很好进,大街上经常能看到夹着皮包、穿着西装的保险业务员,大家其实对此类工作评价很低。但刘纪伟认为,既然自己没经验就从最低的开始吧,这一干就是4年。庆幸的是,这期间国家的改革开放政策使得保险行业得到了飞速的发展,刘纪伟在经过一年的保险基础知识学习后,申请能够更好地发挥自己口才特长的内部培训师工作,也算得偿所愿,发挥老专长,他的培训技能也开始飞速提升,工资待遇等也得到迅速的提升。

不久,刘纪伟发现自己再想提升已经很难了,自身专业、学历都不占优势,同时,中文专业出身的他英文水平实在一般,也很难提升,在外资企业不可能继续提升。因此,经过深入思考,加上他已经具有丰富的技能，因此他很轻松地跳槽到一个培训公司，任职培训师，开启了自己快乐的职业生涯。转眼间，他已经工作10年了，又迎来了他们的毕业十周年大聚会，他意气风发地参加聚会，把自己打扮得朝气蓬勃。聚会现场，出席的同学人数大约有全班五分之四，应该说总体来讲他的成就还是不错的，也得到同学们的交口称赞。但是现场的核心仍是自己开办公司创业比较成功的那几位，他们开着宝马，抽着名烟，财大气粗地要请大家唱歌。琢磨琢磨自己的口袋和实力，请几十个人可能就非所能了。想到这里，刘纪伟就底气不足，自尊心刹那间受到打击；更重要的是看到同学们都带着妻儿参会，想想自己只有过春节才能见到妻儿的境地，心里充满了愧疚感，催生了他一个新的构想：创业。

3 创业征途

刘纪伟综合考虑，决定追随自己内心一直以来的梦想，做了一个回省创业的决定。很快，刘纪伟回到自己读书的省城，在同学们的介绍下，认识了王勇、荆力和李璐三位合作伙伴。王勇、荆力、李璐是三位比较要好的朋友，相交多年，一直在企业打工。王勇大学本科毕业，学的是营销，此前在一家培训公司担任营销总监，对行业技术有一些初步的了解。荆力是军人出身，沉稳冷静，不太爱说话，在一家公司从事办公室工作，做事比较仔细。他们在一个社交场所认识了一位女士，李璐，先后在银行和保险系统工作过，性格活泼，社交能力强，具有较强的融资能力。

刘纪伟他们四个伙伴进行了多次会谈，尽管性格不同，创业的动机不同，但是大家都有一个共同的想法，那就是必须做点事来改变目前的状况。当然，交谈过程中，大家也有不少的分歧，但是30岁左右的年轻人，都被相互的激情感染着，充满着青春的力量和对未来的渴望。尤其是刘纪伟，仿佛找到了知音，将自己多年的工作经历及体会和大家详细分享，把自己一直以来都想自己创业的渴望说给大家听，听得大家热血沸腾。

经过深入的沟通后，四人开始付诸实际行动，刘纪伟投资20万元，其余三位各投资10万元。接下来的事情是选址装修，招兵买马，很快公司高调开业了。他们将核心业务定位于面向企事业单位提供员工素质拓展、经理人知识技能培训，刘纪伟任总经理，王勇任营销总监，李璐担任财务总监，荆力任办公室主任，几个人分工明确，干劲十足，工作起来几乎是抛家舍业，视工作单位为自己的家，经常在公司加班甚至住在公司里，根本不觉得累。

努力有了回报，加上当时市场上相对空白，几乎没有几个竞争对手，他们综合运用了各种市场营销策略组合，很快打开了局面，业务蒸蒸日上，人员迅速扩张，一度达到在职员工近 50 人的局面，对于小型培训公司而言，这已经不是个小数字了。有了各种机遇和努力，他们开始了一段比较顺利的创业征途。

4　风云变幻

培训行业从 2005 年开始经历了几年的好光景，尽管中间有过几次大范围的经济不景气，但是他们的业务一直不错。正是因为行业利润率可观，竞争对手不断进入。培训行业的技术门槛不高，BL 公司的核心业务是拓展训练，一开始由于安全和操作流程存在一定的技术壁垒，进入的公司还不多，但是随着时间的推移，从业人员越来越多，知识扩散得比较快，很快，众多培训师纷纷自立山头，市场竞争持续加剧。近几年，由于国际范围内的经济下行和我国经济结构的调整，企业经营压力增大，培训需求减少比较显著。BL 公司发生了持续的营业额下滑，利润一度接近为零。

5　内部分歧

面对问题，四位合作伙伴都有各自的想法。他们之间展开了无数次交谈，探索企业发展之路。在他们忧虑于企业未来发展方向的时候，AB 公司的收购意向更是加剧了他们之间的分歧。基于此，刘纪伟分别同几位伙伴进行了专门的会谈，但是分歧似乎更为加剧。

王勇一直在市场上拼杀，奉行的是江湖规则，闲聊的时候总是爱说"成王败寇"之类的。他对刘纪伟说："咱们也一枝独秀数年啊，现在是江河日下啊，哎，是不是咱们的好时候没了啊，该见好就收了。"刘纪伟说尽了正能量的话，包括什么"咱们40多岁正当年""企业发展遇到问题，应该积极考虑转型，面对困难，应当用于挑战""创业是我们的情怀，不能只为了赚钱，还应当有理想和抱负，对待自己的企业应当像孩子一样"之类的话语。怎奈王勇一句也听不进去，坚持认为公司应当想方设法卖个高价，当前需要努力做几笔大业务，把公司的业绩做得漂漂亮亮的，增加同AB公司谈判的筹码。

荆力则是一如既往的沉稳，或许是军营历练的影响，他并不怎么看中被收购可以获得一笔可观收益的事情。他对刘纪伟说："我觉得咱们可以坚持坚持，实际上市场上还是比较认可我们公司的产品和服务的，竞争力也很大，那些后来的小个体户很容易出安全问题和服务质量问题，竞争中先倒下的肯定是他们，如果公司亏损缺钱了，我们可以大家再投点钱出来，支撑公司的继续发展。"刘纪伟很认可他的想法，尽管他的勇气够大，对公司的危机理解得不是很到位。

在同李璐交谈时，李璐则清楚地亮明了自己的想法。她建议公司同AB公司全面接触，双方深入了解，毕竟公司整体运营也不差，尽管公司不大，但公司的产品和服务，尤其是几乎囊括了全省优质客户的渠道，还包括省外一些优质大客户，未来经济形势好转，公司重新焕发生机，她还是有一定的自信的。她认为，可以通过和AB公司的深入接触，探索引入外资的形势，可以考虑通过谈判，分一部分股权给外资，以增加公司的资金实力，也引入管理经验，其实也分担了部分风险。

6　问题激化

AB公司已经同BL公司接触了3个多月，大家的分歧仍然存在。眼看着公司的业务继续下滑，公司上下的收入都受到了影响，人员也出现了不稳定迹象。最先是公司的销售部，总共9人，先后有3名业务代表因为拉不到业务，没有提成，严重影响收入，辞去了工作。接着培训部的专职培训师也表达了辞职意向，办公室的后勤人员也因为工作量减少而奖金减少，进而表达了辞职意向。

更麻烦的是，AB公司发出了最后通牒，认为他们虽然是目前全省业内最大的同类公司，但是他们也不能一直等着，因为对方有着进军中国教育培训行业的整体战略，如果久拖不下，他们就将选择比BL公司差一些的竞争对手公司，甚至可以从几个重点地级市并购几个小一些的公司。更重要的是，AB公司提出，其收购价格不会再提高，甚至可能会降低。

局势带来四个人之间的严重对立。

刘纪伟坚持认为，创业过程中必然会有挫折，就像人生总会有起起落落，何况现在的情况是整体经济形势所致，并不是公司存在问题，相反，公司目前具备较强的竞争力，属于业内优秀的公司，坚持一下就可以渡过难关，实在不行，可以采取抵押贷款等方式缓冲公司的财务困难。目前最需要做的一是贷款；二是想法降低经营成本并加大业务开拓力度，适当降低销售价格；三是大家团结一致，学习省外公司的经验，追求产品和服务的创新，提高公司在市场的竞争力。荆力倒是在一定程度上支持他的意见，坚持认为努力就会有回报。

王勇的怒气几乎到达了极点，坚持认为机不可失，时不再来，公司完全可以整体出售给AB公司，大家拿到一笔可观的收益，可以另外寻找回报率较高的项目。四个伙伴合作这么多年，搭配还是比较默契的，感情还是有的，但是如果造成大家不必要的损失，会影响感情。王勇多次提道，如果方案无法达成一致，他准备退掉股份，但是其他人包括刘纪伟在内并没有决心把他的股份买下来。而AB公司只对控股公司感兴趣，对参股没有意向。

李璐也支持尽快完成公司出售方案，当然她认为公司可以和AB公司谈判，包括出售价格和保留创始人的工作岗位等。但是大家都明白，一旦出售，后期的情况不会那么理想。另外，作为一名女士，年龄已经50岁了，她并不想经历太多的风云变幻，不想太过冒险。

公司何去何从？四位创始人的意见分歧能否达成一致？路就在脚下？

资料来源：

根据真实素材创作编写。

■ 案例 11·使用说明

路就在脚下么？——BL 公司战略抉择

一、教学目的与用途

本案例是集中反映小微企业在经营管理过程中战略转型的一个教学案例。它以四位合作伙伴创办经营企业为主题，在经济不景气的大环境下面临被收购或者战略转型的关键，四位创始人对战略决策存在很大的分歧，但又没能有效地进行沟通，从而引发危机为主线，案例较详细、具体、系统地展示了创始人在不同阶段、不同背景下的创业动机，其创业经营的行为也存在较大差异；面临重大战略抉择，高层管理者的选择是会存在较大差异的，尤其是对于小微企业而言，能否很好地解决关键时期的战略方向问题，是创业经营成败的一个重要决定因素。

本案例可用于创业管理、管理沟通和战略管理课程，也适用于组织行为学、领导科学与艺术等课程。

通过此案例的展示，具体的教学目的如下：

（1）使学生了解在企业创业经营过程中，战略抉择产生的背景及表现；

（2）使学生了解战略管理过程中团队沟通和凝聚力的重要作用；

（3）引导学生思考解决战略抉择方向性问题和团队冲突的路径有哪些。

二、启发思考题

1. 案例中四位创始人的创业动机及其外在表现有何不同？
2. 你认为刘纪伟处理公司战略抉择的方式方法有什么不妥之处吗？

3. 你认为刘纪伟应如何处理公司创始人之间眼下的局面？

4. 试用所学过的变革管理理论、决策理论解释 BL 公司应当如何开展战略抉择。

5. 试用学过的沟通理论给出刘纪伟说服其他合作人的有效方式。

三、分析思路

教师可以根据自己的教学目标（目的）来灵活使用本案例。这里提出本案例的分析思路，仅供参考。

1. 从人性理论的角度分析四位合伙人的不同动机，以及如何管理这种动机。

2. 从战略管理的角度，分析公司面对环境的变革，应当拥有什么样的应对机制。

3. 股权治理结构不合理也容易导致公司重大决策无法进行或者不科学。

4. 从团队管理的角度，分析小微企业的主要创始人应当怎样领导团队。

四、理论依据及分析

1. 环境分析。

企业环境分析是指通过对影响企业经营的各种内外因素和作用的评估、平衡，以辩证、系统的观点，审时度势，趋利避害，适时采取对策，作出适应环境的动态抉择，以维持企业生存，促进企业发展。也就是实现企业外部环境、企业内部条件及综合动态平衡的结合。企业外部环境又分为宏观环境和微观环境两个层次。宏观环境因素包括：政治环境、经济环境、技术环境和社会文化环境。这些因素对企业及其微观环境的影响力较大，一般都是通过微观环境对企业间接产生影响的。微观环境因素，包括市场需求、竞争环境、资源环境等，涉及行业性质、竞争者状况、消费者、供应商、中间商及其他社会利益集团等多种因素，这些因素会直接影响企业的生产经营活动。学生应该在教材理论体系指导下，学会利用权威的工具诸如 PESTG、SWOT、BCG 矩阵、五力模型等工具分析企业内外环境。

2. 变革管理的周期。

理解变革管理不同阶段所面临和应对的六种挑战：对变革的认识、对个人利益的影响、策略实施的障碍、对公司会产生的影响、团队间的合作、持续改善的挑战。理解变革管理的六个不同阶段：萌芽期、意识期、筹划期、实施期、融合期和平和期。以实际应用，解决实际工作中的难题为目的，高效地学到了理论知识；通过实战模拟把知识转换成技能和能力，提高了自己变革管理的能力；马上可以运用到实际工作中，并分享和影响周围人员，提高自信和获得尊重；快速找到解决自己实际变革项目中问题的解决方案，有利于工作与生活平衡；构建共同探讨变革管理的圈子，共同探讨，共同深入思考，协同发展提高。

3. 变革管理的步骤。

深入探究"领导力之父"约翰·科特大师提出的成功变革八步骤：建立危机意识、成立领导团队、提出愿景、沟通变革愿景、授权员工参与、创造进程战果、巩固成果、把新做法融入企业文化。构建企业变革管理的统一语言，解决变革中有效的沟通问题；企业可以自己做变革管理咨询，不用全部依靠外部咨询公司，节省成本；遵循变革内在规律，少走冤枉路，使得正在进行的变革项目成功率提高；在框架下大胆实践，企业自己拥有懂得变革理论和有领导变革能力的管理者；变革管理八步骤中有统一愿景环节，大家的愿景统一了，更便于实现员工自我管理。

4. 团队管理的内容。

团队管理指在一个组织中，依成员工作性质、能力组成各种小组，参与组织各项决定和解决问题等事务，以提高组织生产力和达成组织目标。基本上，小组是组织的基本单位，各种小组的形成，若是成员能力具有互补性，形成异质性团队，其效果较佳，因为可从不同观点讨论，激发更有创意或独特的问题解决方式。在具体管理实践中，管理者应当依据已有的理论研究成果和前人的实践经验，结合管理现实情况，灵活地采取相应的措施，凝聚团队共识，达成团队目标。

5. 激励理论。

许多行为科学专家学者的研究结果都表明，大部分人产生动机行为并不单单是为了经济报酬。激励理论是关于如何满足人的各种需要、调动人的积极性的原则和方法的概括总结。激励的目的在于激发人的正确行为动机，调动人的积极性和创造性，以充分发挥人的智力效应，做出最大成绩。激励是指组织通过设计适当的外部奖酬形式和工作环境，以一定的行为规范和惩罚性措施，借助信息沟通来激发、引导、保持和归化组织成员的行为，以有效地实现组织及其成员个人目标的系统性活动，被认为是"最伟大的管理原理"。实践中，管理者应当充分借鉴马斯洛的需要分析理论、X理论、Y理论、双因素理论等已有研究成果，把激励当作团队管理最核心的工具，才能提高管理的效果和效率。

五、关键要点

1. 找出战略抉择问题产生的根源是解决问题的前提和根本。在本案例中，战略抉择问题主要来源于因环境变革导致的四位创始人在价值观、经营宗旨等方面差异的激化，加上沟通不到位，措施不及时，导致矛盾和公司危机的发生。

2. 找出问题产生的根源之后才能对症下药，解决问题。可采取的措施有加强变革管理，可以遵循基本的变革规律，沟通达成共识，引领变革的有序进行；加强团队文化建设，应当尽快明确组织的发展文化和经营定位，必要的情况下可以联合多数合伙人和员工，进行必要的人员调整，以确保方向的一致性。

六、建议分析路线

1. 本案例面对两种教学对象：有较好理论基础和社会实践的研究生、

缺乏实践经验而且理论基础薄弱的本科生。对于前者要求他们在给出案例的基础上，围绕案例的内容收集与此相关的资料，深入分析战略管理和变革管理的理论基础和措施；对于本科生，则要求他们重点分析该案例的内容，了解变革管理、团队管理的理论、方法和意义。

2. 组织学生分组进行讨论，每个人模拟担任公司中不同岗位的角色，从不同的角度对问题进行分析。

3. 可以伴随讨论的不断深入，根据学生对问题的分析程度，再增加一些相关的假设条件，从而提高对问题分析的复杂程度和对案例讨论的灵活性。也可以引导学生考虑，在不同的假设条件下还有哪些方式、方法、措施、手段可以选择。

4. 如果时间充足的话，可以让学生结合以前学习过的相关内容，扩展思路，选取其他小微企业战略抉择的案例，如巨人集团、阿里巴巴等类似案例，进一步加深对变革管理和团队管理的认识。

5. 最后，在结合各组讨论意见的基础上，老师提出供学生参考的观点，并进一步提出深入思考性的问题，为后续课程的讲授做好铺垫。

七、建议课堂计划

本案例可以作为专门的案例讨论课来进行。如下是按照时间进度提供的课堂计划建议，仅供参考。

整个案例课的课堂时间控制在80~90分钟。

课前计划：提出启发思考题，请学员在课前完成阅读和初步思考。

课中计划：简要的课堂前言，明确主题（2~5分钟）；

分组讨论，告知发言要求（30分钟）；

小组发言（每组5分钟，控制在30分钟）；

引导全班进一步讨论，并进行归纳总结（15~20分钟）。

课后计划：如有必要，请学员采用报告形式给出更加具体的解决方案，包括具体的职责分工，为后续章节内容做好铺垫。

■ 案例 12·正文

"老干妈"市场推广策略

【摘　要】 我国调味品行业发展迅速，市场竞争也越发激烈。贵阳南明老干妈风味食品有限责任公司是国内生产及销售量最大的辣椒制品生产企业，"老干妈"也成为调味品行业的知名品牌。本案例研究老干妈创业至今的市场推广策略，从其口碑营销及渠道等方面具体分析老干妈市场推广策略的实施。

【关键词】 老干妈；市场推广策略；口碑营销

0　引言

1984 年，陶华碧女士凭借自己独特的炒制技术，推出了别具风味的佐餐调料，令广大顾客大饱口福，津津乐道。1996 年贵阳南明老干妈风味食品有限责任公司成立，通过艰苦创业，企业已经发展成为全国知名企业、国家级农业产业化经营重点龙头企业。老干妈公司已形成日产量 120 万瓶辣椒制品的生产能力，主要生产风味豆豉、油辣椒、鲜牛肉末、水豆豉、风味腐乳等 20 多个系列产品，是目前国内生产及销售量最大的辣椒制品生产企业。

1　背景

中国调味品市场存在巨大的发展潜力，近几年来中国调味品业的增长每年都在 30% 以上。

快消品，尤其是调味品行业，大家都想成为老干妈，又看不明白老干妈。八九块钱一瓶的辣酱，每天卖出 120 万瓶，一年用 1.3 万吨辣椒，1.7

万吨大豆,销售额40亿,15年间产值更是增长了74倍。老干妈制造了中国品牌的一个传奇。

更传奇的还有其"奇葩"的市场推广模式。从成立至今,不做推销,不打广告,没有促销,坐在家门口,经销商就来抢货。现款现货,经销商要先打款才发货,现金流充足得令人结舌。老干妈的市场奇迹和不走寻常路的营销模式,让快消品行业看得云里雾里,到底老干妈采取了什么样的市场推广策略,使得老干妈这么多年在调味品市场独领风骚?

2 "老干妈"市场推广策略

(1) 消费者心智占领:口碑营销。

广告的主要目的是以占据消费者心智而谋求市场,一句能够唤起消费者共鸣的诉求,往往成为品牌成功的利器。所以,企业的本质目的是占领消费者心智,而非广告本身,老干妈看似没有做过广告,但其已经完成了消费者心智的占领。

- 从学生入手,最容易唤起的消费记忆。

据心理学分析,学生时代是品牌最容易引起好感和怀旧的时机,潜移默化地占领消费者心智,以后无论这些学生走到哪里,都会伴随着他们青春的记忆。

老干妈起家于学校附近的素粉店,无意中已经开始了消费者心智的占领。同时,由于老干妈的产品本身物美价廉,作为佐餐酱美味又极为下饭,经济条件不足的学生群体是其主要消费群体之一,口味的培养和消费者心智教育很好地融合,很多留学生都把老干妈称为家乡的味道。

- 品牌符号化。

行业经常有人质疑老干妈包装土气,多年来从未更换瓶贴等问题,事实上,正是老干妈多年来的坚持,其包装和瓶贴已经固化为最深入消费者内心的品牌符号,甚至成为这一品类的代表符号。茅台推出过无数新品,但消费者最认可的还是其老包装的飞天茅台,认为这才是总理喝的茅台,是地道茅台。

- 舌尖上的中国名片。

老干妈早于很多产品走出国门，产品遍布 30 多个国家和地区。在国外老干妈被称为"留学生必备""家的味道"，也受到很多外国消费者的喜爱。而且在中国八九元钱一瓶的老干妈，在国外卖到十几美元，堪称调味品行业的奢侈品，国外渠道的销量目前还无从得知，但这一步的跨出，老干妈已经成为舌尖上的中国名片。

老干妈依靠口碑逐步积累，并未使其丧失市场先机，经过时间酝酿，成就了惊人的市场爆发。

（2）市场布局：从区域战略根据地到全国扩张。

广州是老干妈最先爆发的区域市场，而后逐步扩张到全国，先做好区域市场战略根据地，继而在全国其他各地复制。老干妈和一般企业的区别就在于，绝大部分企业是经过市场分析选择区域战略根据地，而老干妈是通过自然选择，首先爆发了广州市场。

1994 年，贵阳修建环城公路，昔日偏僻的龙洞堡成为贵阳南环线的主干道，途经此处的货车司机日渐增多，他们成为"实惠饭店"的主要客源。陶华碧近乎本能的商业智慧第一次发挥出来，她开始向司机免费赠送自家制作的豆豉辣酱、香辣菜等小吃和调味品，大受欢迎。

正是货车司机让老干妈如同蒲公英的种子一样，撒向全国，并在最适宜的地方扎根生长。当时，以广州为代表，大量农民工进城，老干妈正符合他们的口味和价位，于是首先在广州市场取得销量爆发，继而逐渐实现全国扩张。

（3）现款现货：硬通货下的经销商策略。

老干妈的经销商策略极为强势：

- 先打款后发货，现货现款。

别的快消品都在尽力把货压在经销商手里，而老干妈的经销商必须先打款，才能拿到货，甚至打第二批货款的时候，才能拿到第一批的货，现金流充盈，让各厂家叹为观止。

- 以火车皮为单位，量小不发货。

・没有政策支持。

老干妈没有广告，没有活动，自然也不会给经销商政策支持，而且利润空间很低，一瓶甚至只有几毛钱。

・大区域布局，一年一次经销商会。

为了维护经销商，构建经销商网络，快消品企业大部分要维护数量庞大的经销商，每年都要召开各种不同地区不同层次的经销商会议，会议上以各种形式极力讨好、回馈经销商。但老干妈一年，甚至两年才开一次经销商会，一个省或者几个省一个经销商，这种状况下，甚至还在进行省区合并。

那么问题来了，老干妈如此强势的经销商策略，底气何在？经销商为什么会接受这些"霸道"的规矩？原因还在产品上，老干妈把产品做成了硬通货，只要能拿到货，就不愁卖，而且流通速度快，风险小，是经销商利润的可靠保障。

（4）渠道网络：无所不在的深度和广度。

2000年年初，绝大部分企业像王致和一样，坐在家门口等各地大小经销商前来采购，没有物流运输等各项服务，没有一批、二批之说，更没有经销网络。企业就是一家批发商，各地经销商只管来拿货，拿回去怎么卖，企业也不关心。这一阶段中，由于路途问题，南方经销商较少来北京采购，等到王致和有意识布局南方市场时，却为时已晚。

老干妈当时选择了一条与众不同的路子，只选择大区域经销商并负责物流运输，区域经销商为了达到销售目的，就必须进行第二批的开发布局，逐渐形成了经销网络遍布区域便利店、商超甚至菜市场的局面，老干妈产品随处可见，现在更是走出国门，进入国际市场。

因此，老干妈先一步完成了渠道网络布局，形成了完善的经销商网络，产品随处可见。大区域经销策略也让老干妈的招商变得极为轻松，一年一次招商会就能搞定。

3 老干妈背后的几点启示

（1）老干妈的成功是产品思维的成功，产品是一切营销的源头。那种一杯水卖出天价的浮躁思想，都是靠不住的。只有像可口可乐、康师傅红烧牛肉面、双汇火腿肠等产品力过硬的产品，营销才能发酵出奇迹。所以，食品企业要真正在产品口味、包装、规格、定价等各要素上下足功夫，打造真正符合消费需求的产品。

（2）不能把市场推广等同于销售和广告。营销的目的是让销售成为多余，是"在销售之外做点什么"的事。很多名不见经传的企业，实际上却是一个品类的隐形老大，深层次的推广不一定要做很大力度，以整合之力达到市场目标才是关键。

（3）以消费者为中心，即使定位于中低端市场，也能够提供极致的客户体验。商业需要回归其本源，即企业存在的唯一目的是创造顾客。

（4）做企业要有耐心，能坚持，经过时间的发酵，以前看似普通的产品和品牌就有了价值。企业要充分敬畏和尊重市场成长规律，有长期经营心态，一味追求短平快，会让企业栽大跟头。老干妈坚持有多大能力做多大事，坚持不上市，不被资本绑架，反而赢得了市场的尊重。

（5）企业在产业链中的地位，决定企业的话语权。老干妈在产业链上的强硬，源于其无可替代的产品力。所以，单纯羡慕老干妈的"强硬作风"毫无意义，关键是如何打造自己的核心优势。

（6）在当时传播条件限制下，老干妈不做推广依靠口碑逐步积累，并未使其丧失市场先机，经过时间酝酿，成就了惊人的市场爆发力。然而，面对当前的传播大爆发，企业不可盲目复制无传播的营销做法。

资料来源：

1. 老干妈的市场营销策略，https://wenku.baidu.com/view/3689363c87c24028915fc316.html.

2. 陈付刚，汪筱兰．"老干妈"品牌营销策略［J］．现代营销，2014（6）．

■ 案例 12·使用说明

"老干妈"市场推广策略

一、教学目的与用途

本案例是说明市场推广策略的一个教学案例。以"老干妈"为研究对象，较详细、具体、系统地展示了"老干妈"创业初期在竞争激烈的调味品行业中，如何从广告及渠道等方面实施市场推广策略。

本案例可用于市场营销学、市场调研、品牌管理等课程。

通过此案例的展示，具体的教学目的如下：

(1) 使学生了解市场推广理论，以及如何制订有效的市场推广策略；

(2) 本案例中，"老干妈"不走寻常路，其反向推广策略的实施，有助于扩展学生营销思路。

二、启发思考题

1. 案例中"老干妈"的竞争优势是什么？

2. 试用所学过的市场推广理论，分析老干妈市场推广策略有何独到之处。

三、分析思路

教师可以根据自己的教学目标来灵活使用本案例。这里提出本案例的分析思路，仅供参考。

1. 从市场推广理论的角度思考企业如何制订有效的市场推广策略。

2. 从营销组合理论的角度思考企业如何实施口碑营销。

四、理论依据及分析

1. 市场推广理论。

市场推广是指企业为扩大产品市场份额,提高产品销量和知名度,而将有关产品或服务的信息传递给目标消费者,激发和强化其购买动机,并促使这种购买动机转化为实际购买行为而采取的一系列措施。市场推广的主要方式有广告、营业推广、公关、活动推广和人员推销等。有效的市场推广应包括两个要素:推力和拉力。市场推广的推力包括客户渠道的主推力、终端现场推动力、促销的推动力;市场推广的拉力包括市场推广的宣传与服务两个要素。

2. 口碑营销理论。

口碑营销是指企业努力使消费者通过其亲朋好友之间的交流将自己的产品信息、品牌传播开来。这种营销方式的特点是成功率高、可信度强,这种以口碑传播为途径的营销方式,称为口碑营销。

口碑是目标,营销是手段,产品是基石。

口碑传播其中一个最重要的特征就是可信度高,因为在一般情况下,口碑传播都发生在朋友、亲戚、同事、同学等关系较为密切的群体之间,在口碑传播过程之前,他们之间已经建立了一种长期稳定的关系。相对于纯粹的广告、促销、公关、商家推荐、家装公司推荐等,可信度要更高。

口碑营销技巧:①将广告变得"朗朗上口";②引导顾客进行体验式消费;③学会利用品牌进行推荐;④让品牌和故事结伴传播;⑤关注自己的每个细节;⑥提供快捷周到的服务。

五、关键要点

1. 推式策略与拉引策略。

推式策略,即企业利用人员推销,以中间商为主要促销对象,把产品推入分销渠道,最终推向市场。这种推销策略要求人员针对不同顾客、不同产品采用相应的推销方法。常用的推式策略有示范推销法、走访销售法、网点销售法、服务推销法等。拉引策略，也称吸引策略，一般是通过使用密集型的广告宣传、销售促进等活动，引起消费者的购买欲望，激发购买动机，进而增加中间商的压力，促使零售商向批发商、批发商向制造商进货，最终满足消费者的需要，达到促进销售的目的。

2. 口碑营销。

本案例中，"老干妈"不做推销，不打广告，没有促销，坐在家门口，经销商就来抢货。"老干妈"依靠口碑逐步积累，并未使其丧失市场先机，经过时间酝酿，成就了惊人的市场爆发。

六、建议分析路线

1. 本案例面对缺乏一定实际经验的本科生，应要求他们重点分析该案例的内容，了解市场推广策略及口碑营销的含义。

2. 组织学生分组进行讨论。

3. 可以伴随讨论的不断深入，根据学生对问题的分析程度，再增加一些相关的假设条件，从而提高对问题分析的复杂程度和对案例讨论的灵活性。也可以引导学生考虑，在不同的假设条件下还有哪些方式、方法、措施和手段可以选择。

4. 如果时间充足，可以让学生结合以前学习过的相关内容，扩展思路，对同行业中成功和失败企业的经验教训进行分析，进一步加深对市场推广理论、口碑营销理论的认识。

5. 最后，在结合各组讨论意见的基础上，老师提出供学生参考的观点，并进一步提出深入思考性的问题，为后续课程的讲授做好铺垫。

七、建议课堂计划

本案例可以作为专门的案例讨论课来进行。如下是按时间进度提供的课堂计划建议，仅供参考。

整个案例课的课堂时间控制在80~90分钟。

课前计划：提出启发思考题，请学生在课前完成阅读和初步思考。

课中计划：简要的课堂前言，明确主题（2~5分钟）；

分组讨论，告知发言要求（30分钟）；

小组发言（每组5分钟，控制在30分钟）；

引导全班进一步讨论，并进行归纳总结（10~15分钟）。

课后计划：如有必要，请学生采用报告形式给出改进后的策略方案，包括定位、市场推广策略、口碑营销等。

■ 案例 13 · 正文

老张的融资和创业

【摘 要】 老张经历很丰富，在其前 20 年的职业生涯中，他从事过许多工作，如演员、普通职员、商场部门经理、房地产公司分公司经理、酒店总经理等。在当上酒店总经理后，老张又到北大光华学院读了 3 年 EMBA。其后，从原单位辞职，自己创业。但他当时一无资金、二无技术、三无项目，这样的情况如何创业呢？老张花了 3 年时间解决以上三个问题，最终让公司运转起来。

【关键词】 创业；融资；无资金；无技术；无项目

0 引言

北方某大城市，4 月底说不清是晚春还是早夏，天气乍暖还寒，时冷时热，好像一个站在十字路口观望的路人，踌躇犹豫，不知该往哪里去。此刻，某公司的董事长老张就是那个有点失去方向的路人。他独自在会议室里呆坐着，最近的烦心事让他不得不用尼古丁来刺激大脑，好让自己理清思路。吞云吐雾间，一支香烟只剩下了半截，老张恍惚间看到了几十年前的自己……

1 背景

老张生于 20 世纪 70 年代初，在上小学的时候，非常贪玩，不爱学习，但从小就胆子大、点子多。初中的时候，老张就开始在外面和歌舞团的小演员们一起混，等到初中毕业，老张就不再上学，开始进入社会谋生。

老张从学校出来后干的第一份工作是烤羊肉串。说起干烤羊肉串，还有一段渊源。

他上初一那一年的春节，一个很偶然的机会，他的一个亲戚带他在街边吃了一串烤羊肉串。对于生活在今天的孩子们来说，烤羊肉串这个东西本身很普通，只是众多小吃中的一种而已。但对于一个常年处于饥饿状态、从来不知道吃饱饭是一种啥感觉的孩子来说，吃到这串烤羊肉串不啻是改变老张人生意义的一个重大事件和对幸福的全部定义！

首先，这东西好吃！而且，更关键的是，能卖钱！这就是这串羊肉串带给老张的巨大震撼。从那时起，这幅场景就深深地刻在了老张的脑子里。

很快，老张从初中毕业了。早已无心上学的他这回下定决心去烤羊肉串。他向家人借了钱，又从别人那里淘来了二手的器具，买了少量的羊肉和调味料后便在自家楼下的杂物房开始了试验。经过一个多月练习和改进，他觉得口味、口感都差不多了，于是便开始了第二项重要的工作：找个合适的地方摆摊。

这个难不倒他，经过一周的到处踩点，他确定了一个自认为合适的地点：第一，人流还算可以；第二，没有其他卖羊肉串的摊位。这个工作做完，老张就迫不及待地正式"出摊儿"了。

看别人摆摊赚钱是一回事，自己亲自操作又是一回事。看别人摆摊的时候，老张感觉也没啥，除了羊肉串要卫生、烤的味道要比较地道、价钱别太贵外，其他都很简单。但在轮到自己做的时候，老张突然发现以前没觉得是个事的事情，现在都成了困难。就拿烧木炭来说，不是烧的火太大，把肉烤焦了，就是火太小，半天都烤不熟，有时候火还会灭。别说给客人烤羊肉串了，光弄这个火，就让老张手忙脚乱。

那些看到老张摆摊而凑过来的食客们在看了一场老张的"点火秀"后，就都很不耐烦地散去了。老张也是一晚上一分钱没赚到。

出师不利。接下来，老张在家反复练习以前认为已经熟练的操作，直到羊肉串的味道、火候、口感、火势控制等让家里人和自己都觉得不错了，他才开始二次"出摊儿"。这以后的事情就比较简单了：老张每天晚上平均出摊三个小时，每晚上能赚十来块钱。只用了一个多月，老张就把父母给他投资的钱还给了父母。

老张的这个"生意"做了近两年。最后，老张成了同学们眼中的"有钱人"。这个"生意"让老张在街上遇到了无数的人。这让老张对如何与人打交道、人情世故有了充分的了解和学习。

两年后老张想去尝试一些别的东西。

当时，正值美国电影《霹雳舞》风靡神州大地，无数少男少女为之疯狂，也深深吸引了好动、有些舞蹈爱好的老张。他决定学霹雳舞。他开始在他所在城市的每一家电影院追看这部电影。这部电影老张前后看了十来遍，边看边"系统学习"——模仿电影里舞蹈的动作。就这么过了几个月，没学过舞蹈的老张愣是把霹雳舞的全部动作完整地跳了下来。配上发型、衣服，再配上音乐，老张的霹雳舞有模有样。

老张到了省歌舞团某位演员组建的艺术团体——其实就是个草台班子，开始到省城下面的各个市县走穴演出。

那是一个文艺活动匮乏的年代，老张他们的"艺术下乡"很受当地人——尤其是年轻人——的欢迎。这个"生意"老张做了将近一年，收入还不错。

2 转战职场

在父母眼中，老张这几年就是在"折腾"——虽然老张这几年赚的钱比拿工资的父母要多得多。所以，跳舞一年后，老张的父母劝老张还是找一个正规点的单位去上班。出乎父母的意料，这次老张听从了建议。

老张开始找单位。在一个远房亲戚的介绍下，老张进了一家经销劳保用品的市级国有企业。面对全新的单位、全新的工作、全新的产品，老张前几年"闯社会"学到的谋生本事，让老张显示出极强的能力，他在很短时间内就熟悉了劳保用品的经销特点，同时和公司上上下下以及客户建立了很好的关系。随着头几笔业务的顺利展开，公司上下对老张刮目相看。

半年时间，老张就从业务员升职为业务组长，半年后升为业务副科长。这一年，老张所在部门的业务打破了该部门的历史纪录。此后两年，老张的业务做得越来越好，被提拔为业务负责人。

两年后，老张所在的公司在市中心拿了一块地，盖了一座商场，公司进入了零售业。老张被任命为女装楼层的经理。这又是一个全新的行业，但此前多年的"折腾"和在劳保用品公司几年业务经理的经历，练就了老张快速的学习能力，他可以在很短的时间里比较深刻地看清楚这个行业的关键成功因素（KSFs）。虽说此前他从未接触过女装零售，但在他知道公司的决策后，他做了这么几件事：

第一，他跑了好几家书店，寻找有关女装和零售管理方面的书，虽然没找到多少，但还是买了几本。然后开始苦读，学习有关知识。

第二，老张发动朋友们，让他们给自己介绍零售行业的人。没过多久，老张就结识了几位在零售行业干了多年的资深人士。在商场建设和筹备开业期间，老张与刚认识的几位零售业资深人士频繁接触，虚心求教。

第三，老张利用业余时间跑了市里几个知名的大商场，仔细地观察楼层布局、装修风格、货品摆放、产品种类、人员配备、顾客逛商场和购买的行为特点。一连几个月，老张下班后和周末的时间全泡在了这些商场里。

很快，他对于这个行业的门门道道有了详细的了解。

开业以后，商场开始正常运行。但毕竟是新商场，人流非常稀少。一个月下来，商场的销售额并不像预计得那样火爆。

经过前期的快速学习，老张已经对这个困难有所准备。他把对这个问题的思考和解决方案写成一份报告，提交给商场的总经理。老张的思路很简单：首先，利用各种方式快速宣传，短时间内让市民了解商场；其次，根据客户定位，在商场一层的大厅，举办几场文化活动，邀请媒体参加；最后，以所卖货品赞助几场在市民中影响比较大的活动。

老张的方案得到商场高层的认可。在补充、完善后，老张的方案得到实施。效果不错，商场的知名度在短时间内得到快速提升，人流大幅度提高，销售额持续增长。

之后，老张又针对市里其他几家商场机制僵化、经营死板、市属国有等特点，向商场高层提出了灵活经营手段和差异化竞争的策略，得到商场高层采纳。之后的几年中，该商场在全市的影响力不断加大，并且逐渐走出省城，在全省几大主要城市陆续开设分店，经济效益和影响力日渐上升。老张在这几年也从楼层经理升任商场总经理。

新世纪的钟声在人们的喧嚣中不知不觉响起。此时老张任职的公司也从当初一家经营劳保用品的小企业，逐渐成长为在省城颇具知名度的大型企业集团，横跨百货、酒店、零售、物流等行业。老张也成为公司的核心高管团队成员。

21世纪的到来让公司高层有了新的想法。公司董事长和股东们讨论决定进军北京，集团决定在北京实施三个项目：（1）复制在省城的做法，在北京开设一家中高档次的百货商场；（2）建一家四星级酒店；（3）建设一座写字楼。

全新的市场环境、激烈的竞争格局、从零开始的项目……集团这个决定暗含的风险，大家都很清楚。再一次，毫无悬念地，这个在异地开疆拓土、艰巨而光荣的任务落到了老张的肩上。没有豪言壮语，老张在决定接受这个艰巨的挑战后，对董事长和董事会说了一句话："我会尽我全部能力。"

老张来到北京，在朝阳区的罗马花园租了一套公寓，开始了新的征战。找朋友、拓人脉、注册公司、招聘员工、跑工商、税务、城建、环保、土地、消防、施工……

老张以他饱满的热情、不断提升的能力和不懈的努力投入到新的工作中。六七年的时间，海淀区四通桥东南角的数码大厦及配套公寓项目、华宇商场项目拔地而起，陆续开业。

完成这几个大项目后，老张在公司的声誉达到了顶峰。但此时的老张并没有被鲜花和荣誉所感染，他突然有了一种疲惫的感觉。他回想自己这十几年的职场生涯，一直在"打仗""冲锋"，都没有停下脚步喘息的时间。虽然项目都获得了成功，但老张有一种"力不从心"的感觉，他忽然觉得自己有点"空"。

老张从集团辞职了。功成身退吗？不是。

老张想学习了！他在朋友的推荐下，报考了北大光华的 EMBA。在 EMBA 班的学习紧张而充实，课余时间，学校组织了很多专家给学员做讲座，新颖的观点、新鲜的概念、新奇的思维方式和角度，让老张大开眼界。来自全国各地、各行各业的同学也组织了很多活动，不同的行业、不同的业务、不同的企业、不同的企业发展问题，让老张感同身受、获益良多。

多年来老张拥有的是商场、职场一线的摸爬滚打和独立探索获得的朴素的知识，在北大光华 EMBA 学堂和众多大家的理论、知识，以及和同学各种不同行业经营知识的碰撞，让老张获得了升华。老张觉得自己来读书算是选对了。

3 决定创业

在北大光华的 EMBA 学业是快乐而短暂的。几年时间一晃而过，转眼间老张从北大光华毕业了。

老张现在自由了。没有了项目的挑战和没完没了的总结汇报、解决问题，老张现在很清闲，时常和北大光华的同学聊聊天、喝喝茶，参加参加聚会。就这样，老张优哉游哉地过了大半年。

半年后的一天，老张小时候的朋友老李来访。老李是中国科技大学硕士毕业，学了七年化学，后来在中科集团任职，主要从事环保行业。两年前，老李从公司辞职自己创业。

老李没有离开环保行业，相反，老李认为这个行业在未来充满了机会。所以，这两年来，老李一直在关注着这个行业的风吹草动。直到上一年，在一次环保技术博览会上，老李看重了一项污泥处理的技术。这项技术在博览会上一直无人问津，但多年在环保行业摸爬滚打的经验让老李敏锐地认识到这项技术的价值：生物环保，无污染。

老李决定用这个技术创业。此次老李来找老张就是来找投资的。

老李和老张聊了一天，出于对老李的信任和对环保行业未来美好前景模模糊糊的认识，老张决定投一部分资金。

办完投资协议、打款后，老张静下来想着老李创业这件事。想着想着，一个想法像蜗牛一样慢慢"爬进"老张的脑海：我既然能投资老李去创业，那为什么我自己不去创业呢？

这个想法一旦"钻进"老张的脑子，就像决堤的洪水一样四处漫灌，占据了老张全部的时间、全部的想法。对于创业，老张感觉既熟悉又陌生。

半个月时间，他在网络上以"创业"为关键词，搜索了很多新闻、文章、专题等信息。大量创业成功和失败的例子，让老张对这个事情有了初步认识。

像老李一样，找一个技术，联合创业如何？关于如何转化科研成果，他确实不熟悉。以前只是只言片语地听说过科技人员卖专利、技术入股的事情，但如何推广自己的这项技术，以及如何处理与技术人员的股份分配等，他有点拿不准。这些年来，老张也陆续从事了几个行业，但无论是零售还是酒店，或是房地产，都是资金密集型行业，项目启动需要耗费巨量资金，不太适合像他这样的创业者。

如果创业失败怎么办？大不了再找个公司，当职业经理人。无论如何，肯定不会沦落到找不到饭吃。

老张就这么一直自问、自答，对自己的想法反复推敲。思考的结果让老张对创业的态度变得了然和淡然。自己创业前景应该还不坏。至于干什么项目、什么行当，走走看吧。

最后，老张觉得创业也没啥，虽说有风险，但这个年纪，不干点啥有点说不过去。既然想明白了，那就开始吧。

4 选行业

信心有了，但信心不是黄金，创业是实实在在的，要解决很多现实的问题。

第一个问题，干什么行业呢？

干了这么多年的实体行业，让老张深感资金对于项目成功的重要意义。这段时间对于创业的思考，对于各个行业的学习，让他对未来金融业的发展前景还是比较看好，他朦朦胧胧觉得应该朝这个方向走。

到目前为止，老张也就是朦朦胧胧觉得这个方向不错。要想进入这个行业，该怎么办呢？说到了解一个新的行业，这个难不倒老张。还是老办法，老张让他的朋友介绍在金融圈从业的人员，然后和他们聊天、请教和学习。

那段时间，老张开着他的别克车，东西南北满北京地和这些新介绍的金融圈内人见面、聊天。这些人有商业银行的行长、政策性银行的处长、国有信托公司的产业经理、城市商业银行的支行长、证券公司营业部老总、民间金融机构的业务经理等。老张的问题五花八门，从国家金融政策、金融行业发展趋势，到不同的金融企业的业务特征、风险点、风控等。

半年时间，老张陆陆续续地见了几十位金融圈的人士，对金融行业有了基本的认识，以前对老张来说颇为神秘、令老张仰视的金融业逐渐变得清晰和亲近起来。老张对这个行业逐渐形成自己的判断。

通过快速的学习，老张发现，首先，金融业虽然大有发展前途，但目前仍处于高度的行政垄断中，只有取得金融牌照才能进入这个行业。其次，能够取得牌照进入金融业的也只有国有性质的资本，民间资本是无法进入这个行业的。金融业的大门对民间资本是关闭的。

老张花半年时间取得的对金融业的认识，几乎给了老张一个致命打击。这样的行业现状还能让老张有创业的机会吗？即使乐观如老张，一般人也会被这种情况打趴下。而老张觉得，虽然目前中国的金融业存在高度的垄断，但从长远看，金融业走向开放是一个不可逆转的走势，中国在改革开放的过程中，绝不可能再回到封闭的时代，金融业开放一定会实现，只不过开放的过程会慢一些。

在和业内人士交流的过程中，老张还发现，金融业的传统细分行业包含银行、信托、保险、证券，全部由国有性质资本占据。这四大金融细分行业却不能有效满足客户的金融需求。换句话说，客观上存在一块市场空白，这个市场上的金融需求是没有得到满足的。这些国有金融机构无法满足的这些需求基本上属于传统金融行业的边缘领域，民间资本要想从事金融业，可以从这些边缘地带入手。

另外，老张也注意到，国家近些年对中小企业支持的力度不断加大，而中小企业由于规模小、业务不稳定、管理不规范，其很难在传统的国有金融机构取得融资，只能从亲戚朋友处融资或内部融资。数量众多的中小企业存在巨大的融资需求。老张想到自己可以朝这个方向去创业。

在频繁会见金融圈人士的同时，老张也没忘记寻找合作伙伴。这半年时间里，老张找到了自己的老同学、在北大光华 EMBA 班上的同学，还有同学的同学，一共六个人，开了无数次的会，讨论了无数的问题和可能的设想。

5　融资

创业的方向基本确定了：为中小企业提供金融服务。创业合伙人也基本确定了：老张和其他四位同学及同学的朋友。公司的名称、组织结构、地址等事项经过讨论也基本确定了。几个人又花了一段时间确定了团队的分工，在新的创业团队中老张是领导人，负全责、负总责。所有的铺排基本就绪，只差最后一个问题：资金。

老张和其他股东都确定各掏一部分资金投入公司，作为资本金。但公司需要的资金量是千万级别的，老张和其他股东的资金根本达不到这个资金量。这些资金充其量也就是能把公司注册下来、找一处办公室、雇几个人，而要投入业务运营则远远不够。

换句话说，公司的启动资金有缺口。

老张最初的想法是，在确定了业务方向后，通过广泛地接触人际资源，寻找创业伙伴。老张心目中想要找的创业伙伴有两种，第一种是在金融机构有过从业经历、离职后有创业想法的人。这种人有行业经验，可以帮助公司快速开展业务。第二种是手头有一些资金，有创业想法或支持创业想法的人。这种人能提供公司最初运转所需的资金。

为此，他在寻找创业伙伴的过程中，用这个标准重点关注了周边的同学、朋友等。但最后确定下来的创业伙伴距离老张的想法有点远。

创业伙伴甲，曾在中国银行北京分行任柜员和业务主管，现在赋闲在家，有创业想法，但没有太多资金。

创业伙伴乙，是老张多年的朋友，关系非常好，从单位离职，有创业想法，也没有太多资金。

创业伙伴丙，是老张在北大光华EMBA同学，在某信托公司任职，支持老张创业，能作为股东，但无法在创业公司全职工作，没有太多资金。

创业伙伴丁，是老张朋友的朋友，在某外资资金任高管，支持老张创业，能作为股东，但无法在创业公司全职工作，没有太多资金。

老张和创业团队又一次开会，讨论股权和资金问题。

在创业公司的出资额中，甲只能出5万元，乙能出15万元，丙大致能出15万元，丁能出10万元，这四人合计能出45万元。老张计划出资300万元。即使这样，公司初始资本也只有345万元，距离开展中小企业金融服务的千万级别资金距离还很远。

老张和创业团队商量公司初始资本必须达到1 000万元，资金缺口还有655万元，即还需要再找655万元。大家畅所欲言，谈各自的想法。

甲的意思是，如果能再找到钱最好。如果找不到，就拿目前的钱开始做业务，不要办公室也可以。老张知道，因为甲是银行业务主管出身，而且目前是离职状态，更看重的是能快点拓展业务，所以对资本金要求不是很绝对。

乙的意思是，目前的资金规模不够，但也不必等到1 000万元资金全部到位。可以再找一些钱，资金规模有个四五百万就可以开始。

丙的意思是和乙差不多。

丁对公司的资金规模很看重，认为目前的资金规模支撑不了创业公司做这样一个业务。丁认为，金融服务行业有一个基本的资金门槛，而且是一个长期服务的过程，资金规模只有超过基本的门槛，才可能正常运转，否则，业务即使开展了，也会由于资金跟不上，无法收尾。

在初始资金的性质上，大家也七嘴八舌。有的人说必须全部使用股权资金，有的说可以用债务资金，有的说一半一半也可以。

听完大家的观点，老张也说了自己的想法：

第一，资本金金额不够，还得继续找钱。

第二，资金的性质，可以综合使用股权资金和债权资金，但创业公司目前还处在筹备阶段，还不是一个独立的实体，创业公司无法举债。所以，债务资金即使有，也只能是目前几个合伙人自己去借钱，然后投入到创业公司中。这其实还是股权资金。

最后，大家决定：

第一，把公司的商业计划书完善起来；

第二，创办公司的手续，包括工商注册、税务登记等先办理着；

第三，同时开始找办公地点；

第四，招聘人员先暂缓，等资金到位后再全面开始，以避免不必要的麻烦。

会议之后的两个多月，老张和创业伙伴开始第 N 轮地找原来聊过的同学和朋友。经过不懈努力，最终在这几个月的最后，又有两名老张的朋友答应出资，而且，这两位答应出资的朋友，一位是职业投资人，另一位是某小型房地产公司的董事长。

两人看了老张他们的计划书后，答应各出 300 万元，同时他们要求老张补足剩余的资金，使资本金达到 1 000 万元。

虽然老张还要继续掏钱，但能得到这个结果，老张还是非常高兴。

出了这 300 万元，老张手上已经没有钱了。为了能让公司尽快成立，老张把眼睛瞄向了自己前几年在省城买的一套房子。他和妻子商量，决定把房子卖了来凑钱。

一个月后，1 000 万元创始资本金全部到位。几位创业伙伴开始紧锣密鼓地准备着公司成立的事情：找房子、装修、买家具、招聘、培训、建账……

整整两个月，公司开业的所有事情都已经准备好。老张特意挑了一个好日子，在新办公室举行了隆重而简朴的开业仪式。老张新的创业生涯就这样开始了。

资料来源：
根据真实创业者经历整理编辑。

■ 案例 13 · 使用说明

老张的融资和创业

一、教学目的与用途

本案例是一个在职场已经做到一定高度和职位的人士，在创业的过程中进行融资遇到的问题，以及最终解决融资难题的教学案例。它以某公司的一位高管从其所任职的公司离职，以其快速的学习能力与人际沟通能力寻找创业方向和项目，说服朋友做他的投资人创办企业，在融资过程中遇到的困难而引发的一系列冲突为主线，较详细、具体、系统地展示了在技术人员的创业过程中，面临的融资问题源于多个方面；同时也反映出在非技术的职场人员创业过程中，能否很好地解决资金来源、股权融资、股份分配比例产生的管理问题，是创业成败的一个重要决定因素。

本案例可用于创业管理、融资管理课程，也适用于管理学、运营管理学、企业经营管理实践和模拟等课程。

通过此案例的展示，具体的教学目的如下：

（1）使学生了解在创业过程中，会面临哪些困境，这些困境应该如何解决；

（2）使学生了解非技术的职场人员创业融资的重要意义和有效方式；

（3）引导学生思考对于非技术的职场人员如何思考创业伙伴、资金来源和资本的股权比例应如何协调；

（4）使学生了解创业期股权融资的特点。

二、启发思考题

1. 你认为老张应不应该创业？

2. 你认为老张创业过程中遇到的最大困难是什么？

3. 你认为老张还可以有哪些融资渠道？

4. 试用所学过的创业理论给老张设计一个最合理的融资方案。

三、分析思路

教师可以根据自己的教学目标来灵活使用本案例。这里提出本案例的分析思路，仅供参考。

1. 从行为动机的角度思考，老张为什么会最终选择创业？变化过程是什么样的？

2. 创业前，老张具备哪些创业有利条件？

3. 从创业前的情况看，老张创业最缺乏什么因素？

4. 其他创业者跟着老张创业，最看重老张的什么？

5. 债权融资和股权融资对老张创业的影响有何不同？

6. 从融资和企业成长角度来看，为创业成功，创始人股权和其他股东股权如何安排比较好？

四、理论依据及分析

债权融资（Debt Financing），又称债务融资，是指企业通过举债的方式进行融资，债权融资所获得的资金，企业需要支付利息，并在借款到期后向债权人偿还本金。对于正常经营的企业而言，常见的债权融资一般是指通过银行或非银行金融机构贷款或发行债券等方式融入资金。债权融资需支付本金和利息，能够带来杠杆收益，但是会提高企业的负债率；一般来说，对于预期收益较高，能够承担较高的融资成本，而且经营风险较大，要求融资的风险较低的企业倾向于选择股权融资方式；而对于传统企业，经营风险比较小，预期收益也较小的，一般选择融资成本较小的债权融资方式进行融资。

从现有的融资渠道看，债权融资主要包括三种方式：银行贷款融资、民间借贷融资和发行债券融资。

1. 银行贷款融资。

从银行借款是企业最常用的融资渠道。中国人民银行的统计表明，我国中小企业的融资供应有98.7%来自银行贷款。从贷款方式来看，银行贷款可以分为三类。

（1）信用贷款方式，指单凭借款人的信用，无须提供担保而发放贷款的贷款方式。这种贷款方式没有现实的经济保证，贷款的偿还保证建立在借款人的信用承诺基础上，因而，贷款风险较大。

（2）担保贷款方式，指借款人或保证人以一定财产作抵押（质押），或凭保证人的信用承诺而发放贷款的贷款方式。这种贷款方式具有现实的经济保证，贷款的偿还建立在抵押（质押）物及保证人的信用承诺基础上。

（3）贴现贷款方式，指借款人在急需资金时，以未到期的票据向银行融通资金的一种贷款方式。这种贷款方式中，银行直接贷款给持票人，间接贷款给付款人，贷款的偿还保证建立在票据到期付款人能够足额付款的基础上。

总体上看，银行贷款融资对于创业者来说门槛较高。出于资金安全考虑，银行往往在贷款评估时非常严格。因为借款对企业获得的利润没有要求权，只是要求按期支付利息，到期归还本金，因此银行往往更追求资金的安全性。实力雄厚、收益或现金流稳定的企业是银行欢迎的贷款对象。对于创业者来说，由于经营风险较高，即使企业可能未来拥有非常强劲的成长趋势，银行一般也不愿冒太大的风险借款。不仅如此，银行在向创业者提供贷款时往往要求创业者必须提供抵押或担保，贷款发放额度也要根据具体担保方式决定。这些抵押方式都提高了创业者融资的门槛。同时，出于对资金安全的考虑，银行往往会监督资金的使用，它不允许企业将资金投入到那些高风险的项目中去，因此，即使成功贷款的企业在资金使用方面也常常感到掣肘。

由于这些限制，对于新创企业来说，通过银行解决企业发展所需要的全部资金是比较困难的，尤其是对于准备创立或刚刚创立的企业而言更是如此。

2. 民间借贷融资。

在债务类融资方式中，民间借贷是一种相当古老的借贷方式。近几年来，随着银行储蓄利率的下调和储蓄利息税的开征，民间借贷在很多地方又活跃起来。由于将资金存储在银行的收益不高，那么将资金转借给他人开办企业或者从事商业贸易活动，则更能够获得较高的资金收益。从发达的浙江到落后的甘肃，从福建到新疆，民间借贷按照最原始的市场原则形成自己的价格。

从法律意义上讲，民间借贷是指自然人之间、自然人与企业（包括其他组织）之间，一方将一定数量的金钱转移给另一方，另一方到期返还借款并按约定支付利息的民事行为。因此，民间借贷的资金往往来源于个人自有的闲散资金，这一特定来源决定了民间借贷具有自由性和广泛性的特征，民间借贷的双方可以自由协议资金借贷和偿还方式。民间借贷的方式主要有口头协议、打借条的信用借贷和第三人担保或财产抵押的担保借贷两种方式。随着人们的法律意识、风险意识逐步增强，民间借贷也正朝着成熟、规范的方向发展。在民间借贷市场上，供求是借贷利率的决定要素。在经济发达的江浙，民间借贷因资金充裕而尤为活跃；而在经济落后的内陆省区，资金供给不足使借贷利率趋高。在资金面吃紧时，尤其是在央行接连提升法定存款准备金率后，民间借贷利率也随着公开市场利率上涨。当然，在民间借贷市场中，借贷人的亲疏远近、投资方向的风险大小也对利率的高低有影响。

民间借贷对于创业者短期困难的解决有很大帮助。民间借贷手续灵活、方便，利率通过协商决定，借贷双方都能接受，因此民间借贷对于资金供给方与需求方都有好处。但是，民间借贷的风险非常大，这主要是因为它的不规范性所引起的。在借贷时，如果是找亲戚朋友借钱，往往缺少一份正式、规范的借贷合同，这样，一旦出现问题，很容易造成纠纷，难以保证双方的利益。

3. 发行债券融资。

在债权融资方面还有一种方式是发行债券融资。债券融资与股票融资一样，同属于直接融资。在发行债券融资方式中，企业需要直接到市场上融资，其融资的效果与企业的资信程度密切相关。显然，在各类债券中，政府债券的资信度通常最高，也最容易融得资金，大企业、大金融机构也具有较高的资信度，而刚刚创立的中小企业的资信度一般较差。

因此，从我国金融市场的发展现状来看，中小企业或者新创企业采用发行债券的方式进行融资的操作空间较小，往往是政府部门、大型企业、大金融机构具备得天独厚的优势。但是也应当看到，随着政策的逐步放开和调整，企业债务市场也会逐渐成为中小企业融资的重要渠道。创业者也应当做好准备，积极面对未来可能的融资机遇。

五、关键要点

找出融资难产生的根源是解决问题的前提和根本。在本案例中，融资难主要来源于长期在企业高层从事管理工作的老张没有技术、没有项目，对其他行业不了解。他没有明确的创业方向，但有丰富的人际资源，最终导致经历波折。

如果你是一名创业者，你如何说服别人变成投资人，如何针对问题对症下药，解决问题？

作为一名有本职工作，又有创业梦想的人，在面对创业时，他们的心理活动是什么样的？如何在保证自己本职工作的同时，还能参与创业？

六、建议分析路线

组织学生分组进行讨论，每个人模拟担任公司中不同岗位的角色，从不同的角度对问题进行分析。

可以伴随讨论的不断深入，根据学生对问题的分析程度，再增加一些相关的假设条件，从而提高对问题分析的复杂程度和对案例讨论的灵活性。也可以引导学生考虑，在不同的假设条件下还有哪些方式、方法、措施和手段可以选择。

如果时间充足的话，可以让学生结合以前学习过的相关内容，扩展思路，对同行业中成功和失败企业的经验教训进行分析，进一步加深对跨文化管理的认识。

最后，在结合各组讨论意见的基础上，老师提出供学生参考的观点，并进一步提出深入思考性的问题，为后续课程的讲授做好铺垫。

七、建议课堂计划

本案例可以作为专门的案例讨论课来进行。如下是按照时间进度提供的课堂计划建议，仅供参考。

整个案例课的课堂时间控制在80~90分钟。

课前计划：提出启发思考题，请学员在课前完成阅读和初步思考。

课中计划：简要的课堂前言，明确主题（2~5分钟）；

分组讨论，告知发言要求（30分钟）；

小组发言（每组5分钟，控制在30分钟）；

引导全班进一步讨论，并进行归纳总结（15~20分钟）。

课后计划：如有必要，请学员采用报告形式给出更加具体的解决方案，包括具体的职责分工，为后续章节内容做好铺垫。

■ 案例 14·正文

林工的烦恼：
技术人员创业融资为何如此难

【摘　要】 林工程师是某国有环保技术研究所的高级工程师和某研究室的负责人，早年留学海外，学历高，理论和技术造诣很深。历经多年，在退休前，他发明了一项国内领先的污泥脱水技术，却不为当时的国内同行所认可，难以进行成果转化。为了推广这项技术，林工急欲以此专利技术"下海"创业。他本以为靠现成的技术进行融资是件很容易的事情，但结果出乎他的料想，融资太难了。

【关键词】 技术人员；创业；融资

0　引言

北方某城市，9 月底的天气，天高云淡，秋高气爽。某环保技术研究院的林工坐在椅子上，望着窗外透亮、清朗的秋景，却怎么也高兴不起来。他转身从桌上的烟盒里抽出一支烟，回过头来，木然地望着窗外，点着了烟猛地吸了一大口，下一刻，青蓝的浓烟慢慢从林工的鼻孔和嘴里喷了出来。霎时间，林工被包裹在浓密的烟雾中。这本该是个果实挂满枝头的收获的季节，林工却眉头紧锁，陷入了沉思……

1　背景

林工是某环保研究所的高级工程师，该研究所始建于 20 世纪 50 年代，属于国有科研事业单位，主要进行城市生活污泥、污水和工业污泥、污水的净化处理研究，历经多年研究，该研究所积累了一大批净化处理的技术、工艺和配方，科研水平在国内处于领先地位。受早年科研管理体制的影响，该研究所聚集了一大批毕业于国内外名牌高校的高级知识分子，林工就是其中的佼佼者。

林工早年毕业于国外名牌大学，早早就来到该研究所从事污泥脱水方面的研究，天资聪颖加上刻苦努力，让林工在很短时间内就从一大堆同时来所工作的年轻人中间脱颖而出。

研究所非常认可林工的能力和人品，这时恰好研究所承接了国家一个大的研究课题，几个有丰富经验的技术人员因为负责别的项目，无法分身于这个项目，于是研究所的领导紧急开会讨论，在会上，所长、副所长、总工程师绞尽脑汁，考虑如何合理安排这个项目，总工程师提出让新来的林工负责这个项目，但很快遭到其他几位副所长的强烈反对，理由是：林工来研究所不久，虽然小有成绩，但毕竟年轻，还不足以负责如此重要的项目。有人还说，这个项目事关研究所的名誉问题，如果让这个年轻人试验失败了怎么办。会议开了整整一天，也没有定下项目的负责人。第二天，继续开会，但还是没有结果。最后所长拍板，还是让新进所不久但已经崭露头角的林工负责这个大项目。很快，独立负责这个重大项目的任命书就发到了林工手里。

虽然这个项目是林工从来没接触过的新项目，但林工还是勇敢地挑起重担，他组织了一个由老、中、青八九个人组成的精干团队，向研究所申请了试验设备和实验材料，开始了艰苦的研究。白天上班，林工一方面分配人手从事不同的工作，同时自己也亲自搬物料，做实验。晚上，林工就在研究所的资料室翻阅外文期刊，积累这个项目所需的技术资料。星期六，他还要给项目组的其他年轻人上课、培训，给他们讲解国外的技术动态和技术特点。林工经常是一熬一个晚上。一连几个月，林工都吃住在实验室或者办公室。历经了无数次的失败，在半年后的一个星期六的晚上，实验终于成功了！这个重大项目获得圆满成功，林工和他领导的团队为研究所交上了一份完美的答卷。

之后，林工再接再厉取得了许多技术成果，很快就被所里任命为污泥脱水研究室的负责人。一晃，几十年过去了，在林工退休前的几年，他把目光瞄准了城市生活污泥和工业污泥的脱水问题上。

随着我国城市和工业的快速发展，工业污水和生活污水的排放量日益增多，从而导致污水中所产生的污泥量也是不断地增加，如何有效安全地处理好这些污泥，成为摆在城市管理者面前的大问题。

林工敏锐地感觉到，未来对于城市生活污泥和工业污泥的处理技术将会奇缺。临近退休，林工也想通过这次个人研究新的污泥脱水技术，能够取得专利，然后把专利卖掉，赚一点钱养老。

说干就干，林工发扬自己几十年养成的钻研精神，利用业余时间，不分日夜地投入到环保型城市污泥脱水技术的研发中。多年的积累和开阔的视野，使得林工在这一技术的研究中没有经历太多的失败和挫折就将这项环保型的城市污泥脱水技术研发成功了。

2 决定创业

技术研发的成功让林工喜出望外，他赶紧进行发明专利申报，依次经过初步审查合格、初步公告、实质审查、一次二次审查意见、通知和授权等阶段，终于在两年后取得发明专利。他梦想着他的专利技术像待字闺中的美貌姑娘一样，受到大家的热烈追捧。在取得发明专利和公开发表文章后，整个环保界却响应寥寥。

林工询问了几位相熟的环保公司的总工，向他们展示了技术的过程和结果，但是这几位总工都表示不太理解。林工不甘心，在年底的一次技术讨论会上专门介绍了自己的技术，反响仍不好。忙碌了大半年，林工发现自己的这项新技术在业界和学界都不认可。这让他非常沮丧。

他把自己关在家里，痛苦地思考着，花费自己几十年心血开发出来的环保型污泥脱水技术，难道就这样打水漂？如果大家都不认可这项技术，那该怎么办？难道就让这项技术压了箱底？这项技术到底有没有价值？他们为什么不认可？是因为不了解这个新的技术路线？如何才能让他们了解……半个月里，林工问了自己无数的问题，不管从哪个角度，他都认为自己的新型技术具有很好的前景，符合环保型技术的发展方向，自己的技术没问题！

通过半个月的自问、自答以及对技术的反复推敲、思索，林工对自己的专利技术前景更有信心了。但是现在又有一个问题摆在面前：如何推广这项先进技术，如何把这项技术转化为实际使用的项目呢？这个问题，让林工感到非常棘手，毕竟，他是搞技术研究的工程师，关于如何转化科研成果，他确实不熟悉。以前只是只言片语地听说过科技人员卖专利、当顾问的事情，但如何推广自己的这项技术，他一时没了主意。

在接下来的半个月里，林工在不断思索中开始接触创业的话题，他在网络上以"创业"为关键词，搜索了很多新闻、文章、专题等信息。他开始发挥搞科研的劲头，没日没夜地看有关创业的信息。看着看着，他突然萌生了一个想法：既然没有人认可这个技术，为何我不自己创业、自己推广这个技术，就像网络资料里的那些创业成功者一样呢？

这个想法一冒出来，林工自己也吓了一跳！自己是退休的人了，儿孙满堂，生活舒适，如果不考虑这个技术开发问题，可以过得安安稳稳。一旦要拿这个技术去创业，辛苦和奔波是免不了的，但这个还能承受，关键是风险太大，还有好多未知的东西在等着自己。许多技术人员创业都失败了，自己能成功吗？林工陷入深深的疑惑、彷徨中。

自己是技术人员，搞的就是环保技术的研发与创新，眼看着技术躺在档案柜里用不上，林工又对自己的技术不能造福社会，而感到深深的遗憾，甚至内疚。

最后，林工那股不服输的执拗还是占了上风，决定用自己手里的这项专利技术开始创业。

3　出师不利

林工最初的想法是，把自己的技术专利转让给国内现有的污泥治理企业，自己充当这些企业的技术顾问，指导这些企业用自己的技术从事城市污泥脱水处理。

为此，他给自己的技术做了精美、漂亮的宣传册和电子文档，以自己这么多年对这个行业的了解，按照企业规模从大到小的顺序，罗列出这个行业的前十大企业，自己主动上门去推广技术。

他首先给行业内最大的一家国有环保企业 A 公司的技术部门打电话，因为在同一个行业内有过多年交流，对方很熟悉林工，爽快地答应了林工去公司洽谈的要求。林工很高兴，自己在家里做了精心准备，对自己的展示材料检查了好几遍，对每一个细节看了又看，自认为没问题后，林工信心满满地来到 A 公司。

来到 A 公司的会议室，林工发现 A 公司负责技术和工程的张副总、技术部的李总监和技术部的几位员工在等着自己。但是，等他和张副总寒暄完，张副总说有会就离开了，就剩下部门负责人李总监和他的几名下属。林工的心里感觉有些不对劲。但很快，林工给自己打气道：没关系，先给李总监讲清楚，然后再让他和公司高管汇报。

接下来，林工使出浑身解数给在场的李总监和他的几名下属做了一个小时的讲解。然后，林工坐下来喝口水，同时等着李总监和他的几名下属提问、交流，但令人尴尬的一幕出现了：此刻的会议室只能听到林工举杯喝水的声音，李总监和他的几名下属低头看着资料，却始终没有提出一个问题。这么过了几分钟，李总监有些尴尬地笑道：谢谢林工精彩的演讲。我会向公司汇报林工的成果，请林工耐心等待。

林工一听，坏了！看来自己讲了半天，人家压根没有听进去。但此时的他也没有其他办法，只能随声附和道："感谢李总监和各位的聆听，要是有什么问题，随时联系我，沟通。"和对方寒暄完，林工闷闷不乐地离开了 A 公司。

回到家，林工调整了心态，和第 2 家公司、第 3 家公司……继续联系。忙碌了一个多月，前 10 家公司里，林工现场讲解的有 7 家。接下来的时间，林工继续给这 10 家企业打电话，希望了解反馈和进行进一步的沟通，但都被这些企业婉言拒绝了。林工忽然感到很泄气。这么好的技术为什么这些公司都不感兴趣呢？林工仔细回忆自己所讲的内容。最后，他觉得可能是问题出在了以下两点：

第一，这项技术本身很环保、低碳，虽然在实验室验证成功了，但距离成熟的工程化、商业化还有距离。

第二，这项技术的使用，还需要一些设备上的投入。

看来，靠卖专利、当顾问这条路是走不通了。接下来怎么办呢？只能自己去做工程化和商业化了。

4　融资难

林工拿出 20 万元，请一个代理机构帮自己注册了公司，办理了工商、税务等手续。

然后，林工请一家公司设计了一套微型的全套演示设备，请工厂改装了一辆车，做成工程展示测试车。把这个展示车做完，20 万元就花光了，林工又从家里拿出 10 万元采购了环保制剂、生物检材、培养器皿、培养液等原料、物料，按照技术上的要求，自己从头开始操作这项技术，整个流程走完，林工还是发现了一些问题，于是自己又投入 10 万元进行了改进。林工自己的这个实验过程前后用了三个多月时间，最后一遍演示，城市生活污泥脱水和工业污泥脱水的各项指标基本符合现行环保的标准。林工觉得可以商业化了。

这几个月，林工像当年在研究所一样，没日没夜地买材料、做实验，非常辛苦。好在经过几个月的努力，各项指标都符合要求了。这一天，林工坐在家里盘算了一下花销：展示设备的设计、制作花了 20 万元，一试的材料、制剂等花了 10 万元，二试、三试及改进花了 15 万元，其他杂项费用花了 5 万元，合计已经花了 50 万元。林工很感慨：自己只是把技术变成了一个小型工程化的样机，就已经花了 50 万元，后续大型工程化还不知道要花多少钱。这些钱从哪里来呢？想到这儿，林工感到很发愁。

在家里歇了一个多月，林工又对这套演示设备做了些许改进后，请人开着这辆工程化展示车,跑了全国几个大的环保企业,给他们做现场演示。这次,林工觉得这些企业对这套技术的兴趣,比之前增加了很多,不仅公司技术部门的人员围着设备问这问那,连公司的部分高管也开始关注。这个变化让林工感到很兴奋,信心也增加了不少。就这样在全国跑了五个多月,陆续把行业内的十几家主要企业都转了个遍,林工回到了家里。五个多月的全国演示,又花了三十五六万元。此时,这项技术已经引起业内一些企业的注意,按说,应该继续推广跟进,但林工感觉资金压力越来越大,老伴也开始不断地抱怨,子女们也开始反对他这么干,他的资金有点跟不上了。

林工开始犯难了,经过这一年的实验和推广,技术效果已经开始获得认可,此时应该加大资金力度进行推广,但这又是一大笔钱,自己实在有点撑不住了。

眼看到了年底,一年一度的全国环保技术博览会就要召开了。这个博览会是行业内规模最大、影响最大的技术展示、交流会,堪比当年的广交会。在这个会上,全国环保领域的企业、政府官员、高校、研究机构、环保产业的供应商等都会参加,是一个非常好的展示机会。林工打算参加,但看了看参会通知,光参展费就得5万元,再加上站台布置、现场演示、宣传、路费等,即使省着花,算下来这一趟至少也得15万元。又是一笔不小的负担。但这确实是一个千载难逢的机会。

林工一连几天愁眉苦脸,为参展还是不参展而犯愁。老伴那边,已经多次声明,不能再掏钱了。钱从哪里来呢?于是出现了开头的眉头紧锁的那一幕。

林工在办公室抽了半盒烟,也没想好钱从哪来。一看表,12点了,下楼吃饭去。林工从办公室到饭馆的路上,看到有一个小伙子在给路人发广告,他没多想,以为又是卖房子的广告。当他经过这位小伙子身边的时候,林工下意识地准备向小伙子摆摆手,表示不接广告,但小伙子的一句话,让林工伸出去的手停在空中,"信用贷款,无抵押,一周放款……"啊?无抵押、一个星期就能拿到钱?还有这样的事情?林工简直不相信自己的耳朵，林工停下来，从小伙子手里接过了宣传页，问："小伙子，真有这事？"小伙子答道："当然啦！信用贷款嘛！"林工立刻兴奋起来。拿起宣传页，饭也不吃了，转身回到办公室，仔细研究起宣传单来。

研究了一个小时，又打电话和对方联系、咨询后，林工下定了决心：个人信用贷款，参加展览会！

接下来的几天，林工和这家公司迅速办理了借款手续。一周后，在没有任何抵押的情况下15万元款项就打到了林工的卡里。林工在电脑上查询到钱到账的那一刻，既高兴又担心。高兴的是，钱有了，可以参加展览会了；担心的是，这个钱的利息比银行高了不少！哎！管不了那么多了，先参加了展览会再说。林工打定主意，开始紧张地准备参会的事情。

5　再生波澜

林工如期参加了展会。在现场，林工不停地发放材料、现场解说，并在馆外现场演示污泥脱水的过程和结果，并现场化验展示各项理化指标，忙得滴溜溜转。不知不觉，三天时间过去了。

展览会的时间是四天。前三天虽然林工忙得不亦乐乎，但关注的人多，真正想购买和有投资意向的人很少。在最后一天的下午，馆里很多参展机构都已经撤走了，参观的人没有多少了。偌大的馆里一下子显得冷冷清清。忙碌了几天的林工也突然感到有些疲劳，他挂着胸牌，坐在展台后面的折叠椅上，左手拿着一瓶刚开盖的矿泉水，眼睛有点发直，脑子里一片空白。

正在发呆之际，有一位穿着西装的男士缓缓经过林工的展台，他慢慢停了下来，走进摊位，坐在林工旁边。直到这位先生坐下来两三秒钟，林工才意识到来人了。他转过头来，看着这位先生礼节性地说道："你好。"说罢，林工开始喝水。林工的一口水还没喝下去，就听到这位男士说："你好，林工，我想和您一块开发这个技术，您觉得如何？"林工听到这个话，惊得差点让嘴里的水呛着。他猛烈地咳嗽了几下，整个身子转向这位男士，说："您说什么？"

案例 14·正文 | 林工的烦恼：技术人员创业融资为何如此难

这位男士微笑着说："林工，我想和您一起用这个技术做环保。"

林工大喜，顿时感觉幸福降临。他和这位男士谈了起来，一谈就是几个小时，直到闭馆，两人还在热烈地谈着。闭馆后，这位男士和林工一起把展台和演示设备收拾好。两人到林工住的酒店继续热议，一谈就是大半夜。林工很兴奋，那人也很兴奋。

这位男士姓张，中国科技大学化学系毕业，在中科院系统的环保企业做了多年，主持过几个大型的垃圾焚烧项目，具有多年的环保项目操作经验。现在从中科院的公司离职，准备自己创业。

两人越谈越投机，把未来公司的商业计划也构思了大部分。为此，林工又多停留了几天，两人约定半个月后，在北京继续谈。

半个月很快过去了。这半个月，林工感到无比轻松，有一个环保业内的人士看中技术，并且要和自己一起创业，还有比这更好的事情吗！

半个月后，林工如约来到北京，和张先生讨论公司创业的事情，在项目、技术、办公地、发展方向等方面，两人谈得非常投机。林工也非常欣赏张先生的商业经验、管理能力和开拓思维。但在谈到股权比例时，两个人有了分歧。

林工认为，技术是自己的，公司未来主要靠自己的技术来开发市场，所以自己要当大股东，股权比例应该高于50%，但张先生坚持市场推广和商业化是未来公司发展的关键，坚持自己的股份比例要高于50%，而且张先生说，未来还要为核心管理团队提供股权激励等，这个林工搞不太懂，但他坚持认为自己的技术是核心。谈到最后，两人谁也说服不了谁，沟通一时陷入僵局。

一连几天，两人各持己见，还是谁也无法说服对方。林工刚刚兴奋起来的心情又陷入了低谷，此时，信用贷款的第一期还款日到了，林工不得不用自己的退休金还了第一期还款。一时间，林工又犯起愁来。

资料来源：

根据真实素材创作整理。

■ 案例 14 · 使用说明

林工的烦恼：
技术人员创业融资为何如此难

一、教学目的与用途

本案例是关于一位技术人员在创业融资过程中遇到问题、思考问题、解决问题的教学案例。它以某研究所的一位高级工程师下海，靠自己发明的专利技术创办企业，并在融资过程中因困难而引发的一系列冲突为主线，较详细、具体地展示了在创业过程中所面临的融资问题的复杂性；同时也反映出技术人员创业过程中能否很好地解决债权融资、股权融资、技术和资本的比例等问题是创业成败的决定性环节。

本案例可用于创业管理、融资管理课程，也适用于管理学、运营管理、企业经营管理实践和模拟等课程。

通过此案例的展示，具体的教学目的如下：

（1）使学生思考在创业过程中会面临哪些困境，这些困境如何影响创业，应该如何解决；

（2）使学生了解创业过程中创业融资的重要意义和进行融资的有效方式；

（3）引导学生思考技术人员应该如何参与创业，技术和资本在创业过程中哪个作用更大，技术和资本之间的关系是什么，技术人员对技术和资本应该采取什么样的态度；

（4）引导学生思考在创业过程中什么是合理的股权比例，应如何协调股权比例随着投资者的进入而进行的调整；

（5）了解股权融资和债权融资的异同。

二、启发思考题

1. 你认为林工为什么在退休的年纪还要去创业？他创业的目标是什么？如果林工不去创业，他会怎么样？

2. 你认为林工应不应该下海创业？林工创业的利和弊是什么？

3. 你如何分析林工的为人？如果不考虑创业，根据案例中描述的林工的性格和心理特征，你觉得最适合林工的工作是什么？

4. 你认为林工创业过程中遇到的最大困难是什么？林工为什么会遇到这个困难？

5. 你认为林工还可以有哪些融资渠道？

6. 试用学过的创业理论、财务管理理论给林工设计一个最合理的融资方案。

三、分析思路

教师可以根据自己的教学目标来灵活使用本案例。这里提出本案例的分析思路，仅供参考。

1. 从案例中的描述看，林工是一个在自己的技术人员工作岗位有着相当优秀履历和工作业绩的人，你认为这份技术员工作是否是最适合林工的工作？

2. 从林工一生从事过的工作看，林工在其职业生涯中，分别扮演了哪几种角色？这些角色对人的要求是什么？请从性格、心理、能力、技能等方面分别展开论述。

3. 从行为动机的角度思考，林工为什么会最终选择创业？林工从临近退休到最终选择自己创业的变化过程是什么样的？

4. 从林工创业前的情况看，林工创业最缺乏什么要素？林工是如何处理这些短缺要素的？

5. 无论是创业企业还是成熟的企业，债权融资和股权融资都是最基本的融资方式。它们各自的财务原理、风险和收益是什么？对于林工的创业，这两种融资方式的结果有何不同？

6. 从融资和企业成长角度来看，为了实现创业成功的目标，债权和股权融资如何安排比较好？

7. 对于初创期企业和成熟期的企业来说，债权融资和股权融资各自带来的收益、风险是什么？

四、理论依据及分析

（一）股权融资

1. 概念。

股权融资（Equity Financing）是指企业的股东愿意让出部分企业所有权，通过企业增资的方式引进新的股东的融资方式，总股本同时增加。股权融资所获得的资金，企业无须还本付息，但新股东将与老股东同样分享企业的赢利与增长。

股权融资作为私募的一种，上市前融资为众多企业成功上市奠定了坚实基础。广义的上市前融资不仅包括首次公开上市之前的准备工作，而且特别强调对企业管理、生产、营销、财务、技术等方面的辅导和改造。相比之下，狭义的上市前融资目的仅在于使企业能够顺利地融资成功。风险资本市场的出现使得企业获得外部权益资本的时间大大提前，在企业生命周期的开始，如果有足够的成长潜力就有可能获得外部的权益性资本，这种附带增值服务的融资伴随企业经历初创期、扩张期，然后由投资银行接手进入狭义的上市前融资，逐步稳固地建立良好的运行机制，积累经营业绩，成为合格的公众公司。这对提高上市公司整体质量，降低公开市场的风险乃至经济的增长都具有重要的意义。

2. 股权融资的特点。

（1）股权是企业的初始产权，是企业承担民事责任和自主经营、自负盈亏的基础，也是投资者对企业进行控制和取得利润分配的基础。

（2）股权融资是决定一个企业向外举债的基础。

（3）股权融资形成的所有权资金的分布特点及股本额的大小和股东分散程度，决定一个企业控制权、监督权和剩余价值索取权的分配结构，反映的是一种产权关系。

3. 股权融资的优点。

股权融资需要建立较为完善的公司法人治理结构。公司的法人治理结构一般由股东大会、董事会、监事会、高级经理组成，相互之间形成多重风险约束和权力制衡机制，降低了企业的经营风险。

在金融交易中，人们更重视的是信息的公开性与可得性，证券市场在信息公开性和资金价格的竞争性两方面来讲优于贷款市场。

如果借贷者在企业股权结构中占有较大份额，那么他运用企业借款从事高风险投资和产生道德风险的可能性就将大为减小，借款者按照贷款者的希望和意愿行事的动力就越大，银行债务拖欠和损失的可能性就越小。

4. 股权融资的缺点。

当企业在利用股权融资对外筹集资金时，企业的经营管理者就可能产生进行各种非生产性的消费，采取有利于自己而不利于股东的投资政策等道德风险行为，导致经营者和股东的利益冲突。

代理人利用委托人的授权为增加自己的收益而损害和侵占委托人的利益时，就会产生严重的道德风险和逆向选择。

当企业利用负债融资时，如果企业经营不善，经营状况恶化、债权人有权对企业进行破产清算，这时，企业经营管理者将承担因企业破产而带来的企业控制权的丧失。

5. 股权融资的分析。

股权融资按融资的渠道来划分，主要有两大类：公开市场发售和私募发售。所谓公开市场发售就是通过股票市场向公众投资者发行企业的股票来募集资金，通常说的企业上市、上市企业的增发和配股都是利用公开市场进行股权融资的具体形式。所谓私募发售，是指企业自行寻找特定的投资人，吸引其通过增资入股企业的融资方式。因为绝大多数股票市场对于申请发行股票的企业都有一定的条件要求，例如我国对公司上市除了要求连续3年赢利之外，还要企业有5 000万的资产规模，因此对大多数中小企业来说，较难达到上市发行股票的门槛，私募成为民营中小企业进行股权融资的主要方式。

（二）技术人员创业融资

1. 技术、商业模式与融资。

技术人员掌握技术，对创业而言是个极大的便利或优势。同时，技术人员在融资过程中，也往往会过分重视技术，以为"技术第一"，对技术的价值产生不切实际的想法，而忽略投资人所看重的方面，导致融资失败。

从投资的角度，投资人为技术人员创业提供资金，看重的是整个创业架构体系。该体系中包括核心创业者、创业团队、技术、产品或服务、市场环境、创业者价值观等因素。投资人不会只看到技术的优势，就贸然投资。

对于技术人员而言，在融资过程中应注意以下几点：

（1）技术是基础，但基于技术的商业模式、团队等创业企业的综合"素质"更重要。

（2）过分夸大技术的优势，反而对融资不会起到正面的作用。

（3）要注意技术的升级换代、技术扩散等。

2. 合理对技术估值。

技术人员创业融资过程中，不可避免地会涉及对技术估值，即创业企业的技术"值多少钱"。对技术进行价值评估的方法有很多，目前比较普遍的做法有三种，即市场法、收益法、成本法。

市场法是指利用市场上同样或同类或类似资产的近期交易价格，经过直接比较或类比分析以估测资产价值的方法体系。收益法是指通过估测被评估资产未来预期收益的现值，来判断资产价值的各种评估方法。成本法是指首先估测被评估资产的重置成本，然后估测被评估资产业已存在的各种贬值因素，并将其从重置成本中予以扣除而得到被评估资产价值的方法。

五、关键要点

找出融资难的根源是解决问题的前提和根本。在本案例中，融资难主要源于长期从事技术研究的林工资金观念不同，与投资方沟通不畅达、不及时，最终导致经历波折。

分清债务融资和股权融资的异同之后才能对症下药，解决问题。

六、建议分析路线

组织学生分组进行讨论，每个人模拟担任公司中不同岗位的角色，从不同的角度对问题进行分析。

可以伴随讨论的不断深入，根据学生对问题的分析程度，再增加一些相关的假设条件，从而提高对问题分析的复杂程度和对案例讨论的灵活性。也可以引导学生考虑，在不同的假设条件下还有哪些方式、方法、措施和手段可以选择。

如果时间充足的话，可以让学生结合以前学习过的相关内容，扩展思路，对同行业中成功和失败企业的经验教训进行分析，进一步加深对跨文化管理的认识。

最后，在结合各组讨论意见的基础上，老师提出供学生参考的观点，并进一步提出深入思考的问题，为后续课程的讲授做好铺垫。

七、建议课堂计划

本案例可以作为专门的案例讨论课来进行。如下是按照时间进度提供的课堂计划建议，仅供参考。

整个案例课的课堂时间控制在 80~90 分钟。

课前计划：提出启发思考题，请学员在课前完成阅读和初步思考。

课中计划：简要的课堂前言，明确主题（2~5 分钟）；

分组讨论，告知发言要求（30 分钟）；

小组发言（每组5分钟，控制在30分钟）；

引导全班进一步讨论，并进行归纳总结（15~20分钟）。

课后计划：如有必要，请学员采用报告形式给出更加具体的解决方案，包括具体的职责分工，为后续章节内容做好铺垫。

■ 案例 15 · 正文

古驰奥·古驰（Guccio Gucci）家族兴衰

【摘 要】时尚行业很容易受到经济衰退的影响，然而 Gucci 在这样一个引人注目的行业里成长了几十年，历经创业期、成长期、衰败期并再次复兴，它所遇到的问题是几乎所有管理者可能都会遇到的。本案例描述创业企业风险的类型和表现，详细讨论企业在创业过程中对各种风险的危机管理。

【关键词】家族企业；创业风险；危机管理

0 引言

"小丑女"玛格特·罗比（Margot Robbie）身着中国风的古驰凤纹刺绣晚礼服亮相红毯；机器姐弗洛伦斯·韦尔奇（Florence Welch）身着古驰银色彩虹刺绣长袖晚礼服；美国小甜心达科塔·约翰逊（Dakota Johnson）身着古驰黑色真丝乔其纱晚礼服；美国演员西耶约·米勒（Sienna Miller）身着古驰玫瑰金刺绣抹胸晚礼服……当然不能忘了戛纳新晋影后克斯汀·邓斯特（Kirsten Dunst）在 2016 年戛纳电影节红毯上那一身花花的古驰了！还有格莱美天后泰勒·斯威夫特（Taylor Swift）在第 56 届格莱美上那令人深刻的古驰金属亮片晚礼服，不那么好驾驭的古驰被女神们穿上更是美出天际，闪耀全场。

从意大利的高级皮革店到引领全球时尚的顶级品牌，从家族纠纷声势一落千丈到 Tom Ford 接手后的再次崛起，古驰（Gucci）从云端到谷底，再从谷底到云端的故事，着实是令人称叹的一则传奇。

多美尼科·德索尔（Domenico De Sole）出生于意大利，在哈佛大学接受教育，后来成为税法方面的律师。1994—1995 年，他被空降为古驰公司的掌舵人。虽然他之前曾主管该公司的北美业务部，但在了解到这家曾令人钦佩的故事的整体情况后，他还是大为震惊。企业销量大跌，消费者完全失去兴趣，亏损不断。古驰公司内部也几乎陷入瘫痪状态：管理层四分五裂，对重要决策优柔寡断。

古驰曾经是高端时尚和灵感设计的象征，但当时已没有出路。以至于持有这家公司股权的投资人都想出手卖掉它。由于买家开价低得令人无法接受，公司卖不出去。公司投资人让德索尔尽快整顿公司，并公开发行股票。

古驰这个跨越了百年时尚的顶级品牌，不仅是各路明星出席红毯必备的礼服品牌，也是小资们出门最爱的时尚品牌。也许这个品牌也是你的心头最爱，但是有关这个品牌背后的家族历史，你所了解的并不一定深刻。

"Gucci"不只是时尚，她有着怎样的前世今生？百年优雅的背后有着怎样的秘密？德索尔又是如何让这家走下坡路的企业实现增值，阻止公司继续亏损，重振古驰风采的呢？

1 背景

1898 年，古驰的创始人古驰奥·古驰（Guccio Gucci）这个年仅 18 岁的意大利佛罗伦萨少年来到伦敦的萨沃伊（Savoy）酒店当差。当时的萨沃伊酒店是达官贵族出入之地，既有女士绫罗珠宝，又有男士雪茄领结。在萨沃伊酒店，印有客人名字缩写的豪华行李箱和帽子盒，令古驰奥产生浓厚兴趣，从此与皮具产生了不解之缘。

1923 年，古驰奥在意大利佛罗伦萨开了第一家皮货加工商店，制作精美的高档商品，这些都受到他在伦敦那段工作经历的影响。事实证明，他的这种工作思路很成功。随着生意不断壮大，他渐渐树立起生产时尚、美丽产品的名声。在儿子阿尔多（Aldo）的要求下，古驰奥的生意扩展到罗马和米兰。1953 年又拓展到纽约。

2 兄弟阋于墙

古驰真正的辉煌其实是从家族第二代掌门人阿尔多手中开始，他从20岁开始，在老爸的店铺，从包装和送货做起。在企业发展方面，古驰奥属于稳健型，阿尔多则属于开拓型。

父亲去世后，阿尔多担任一把手，其兄弟鲁道夫和瓦斯科分别主管米兰运营部和位于佛罗伦萨的工厂，公司实现了惊人的发展。"二战"结束后，发达国家对奢侈品的需求复苏，经济增长提高了消费者购买力，手工制作的古驰产品成为有品位的精英群体追逐的经典时尚商品。

进入20世纪60年代，古驰的掌权人主要是阿尔多和鲁道夫。阿尔多负责古驰美国公司，鲁道夫坐镇意大利母公司兼顾发展欧洲分店。虽然兄弟之间在各自"领地"内相安无事，但是，彼此都明白，为了取得古驰的决策权，发生冲突在所难免。就在家族内部想尽办法避免内斗的时候，阿尔多三个儿子中的长子乔吉奥（Giorgio）率先发难，1969年，他自立门户，在罗马开了一家"古驰精品店"，把目光锁定在年轻的白领阶层。

古驰美国公司是阿尔多用6 000美元开拓出来的，除了芝加哥和旧金山，仅在纽约第五大道上就有3家分店，里面挤满了来自世界各地的富商名流。1972年古驰香水问世，1975年古驰手表诞生，随着生意兴隆而来的则是顾客对古驰服务态度的抱怨——《纽约》杂志把古驰评为"最无礼的商店"。为了制约阿尔多在美国公司的独断，鲁道夫将自己唯一的儿子马利左（Maurizio）派到美国，名为辅佐伯父，实为平衡权利。明白弟弟的"良苦用心"之后，阿尔多立即以其人之道还治其人之身，把自己的二儿子保罗（Paolo）安插到佛罗伦萨总部，上任的第一天，保罗就要求查阅账目，他傲慢地对叔叔说："身为古驰公司的董事和股东，我有权知道公司的运营情况。"作为反击，1978年4月，鲁道夫亲笔给侄子写了一封信，内容只有短短的一句——"因工作不称职，古驰公司决定解雇你"。很快，争强好胜的保罗以自己的名字Paolo Gucci注册了PG品牌。1981—1987年保罗先后17次把古驰告上法庭，要求依法行使自己的姓名权、商标权以及收回为古驰卖命 26 年的产品设计权。古驰家族再次对簿公堂。

由于家族内乱，不加限制地滥发品牌使用许可砸了金字招牌，人们可以在任何地方买到山寨的古驰商品。每个家族成员蠢蠢欲动，想要伺机分家。

3 扩张市场

古驰向理查德·基诺里发出了一项 1300 万欧元的"不可撤销"要约，这也是后者迄今为止收到的唯一一份收购要约。

理查德·基诺里拥有 277 年的历史，是意大利国宝级的瓷器品牌。2007 年，由于背负沉重债务，该公司接受了意大利投资者 Roberto Villa 的救助，后者对该公司进行了重组，并于 2009 年将其重新上市。

不过，由于财务问题和 2008 年金融危机期间信贷紧缩的影响，重新上市后的理查德·基诺里再次陷入困境。该公司提交了破产申请。

作为法国奢侈品巨头 PPR 集团旗下的子公司，古驰表示，已制定了一项长期计划来保护并重推理查德·基诺里这一具有历史意义的传奇品牌。该公司计划在中短期内开发豪华餐具，同时努力维持理查德·基诺里在托斯卡纳（Tuscany）工厂的生产。

古驰还表示，此次收购将保住理查德·基诺里 230 名员工的工作。

古驰集团母公司 PPR 总裁弗朗索瓦·波诺特（Francois Henri Pinault）先生表示：古驰集团 2012 年第四季度的销售额大幅上涨。中国市场上存在明显的北京、上海这样的一线城市和二线城市奢侈品消费的巨大差异，因而集团决定在新进驻的市场提供入门级的商品，而后再慢慢向成衣和高端配饰等方面发展。

2013 年，LVMH 集团和 Compagnie Financiere Richemont 也针对中国市场做出了相应的政策调整，这些调整都源自中国的大型城市奢侈品消费相对饱和，进入二线市场要进行全新的市场规划。PPR 集团的运营总监帕拉斯（Jean Francois Palus）表示古驰将放缓新店开设的速度，将重点放在原有店铺的扩张和整改上，以适应中国快速变化的市场形势。

业务急速成长的古驰并未从此一帆风顺，进入20世纪70年代后，疲于应付仿冒的问题外加家族内利益的争斗，整个企业陷入困顿的泥沼。1993年，第三代接班人马利左将古驰抛售，直到前任总裁德索尔迎来汤姆·福特（Tom Ford）担任设计总监才有所改观。汤姆·福特曾说："谈起古驰的历史，绝不能略过电影明星和宴会名流不提，而我想创造这段历史的90年代版本。"1995年汤姆·福特选用当红名模以极简主义却无比撩人的形象在台上展现他为古驰设计的性感秋季时装系列。这场秀获得了空前的成功，在全球引发了古驰的购买狂潮，福特全然改变古驰过去的华丽风格，注入性感的基因，让古驰基本成为今日最性感的品牌。

4 华丽的崩溃

但是，古驰品牌的成功并不意味着古驰家族的成功。古驰家族的传承在第三代掌门人马利左·古驰那里出现了拐点。

1984年10月的最后一天，在纽约召开的家族董事会上，阿尔多在全无防备的情况下，被马利左夺去权利，马利左就任古驰美国和总部的双料董事长。深深了解侄子的阿尔多，离开公司大楼时说："看吧，任何东西一旦落入花花公子手里，总要面目全非，古驰也不例外。"

1987年6月24日，意大利各大报纸都刊登了同一条新闻："财税警察搜查古驰总部，逮捕马利左！"但是，在忠诚司机的引领下，马利左骑着摩托车逃到瑞士避难。在那里他酝酿了一个自认为解决古驰困境、实则置古驰于万劫不复的计划——出售古驰。不久，他联系到摩根士丹利银行伦敦分行的投资银行家安得拉·莫兰特，莫兰特帮他找到著名的阿拉伯投资集团，双方就价格问题几经磋商，最后敲定购买古驰38.4%的股票，取得控股后由马利左继续担任公司总裁。与此同时，马利左已经被古驰家族重组的董事会除名，乔吉奥出任董事长。这时的古驰共有大小18件官司缠身，那是古驰历史上最荒谬的时期——竟然有三个董事会同时运行。

1989年4月，投资集团终于答应购买古驰50%股票以换取马利左免于刑事追究并担任董事会主席。马利左希望为古驰重新找回那份光彩，再次成为一种身份的象征。他努力摆脱多年的错误决策和欠佳表现，毫不留情地把带有古驰商标的商品种类从22 000种减少到7 000种，将提包款式从350款减少到更易于管理的100款；公司一共有1 000家经销店，他关闭了800家；1990年又关闭了古驰配饰公司。但没有采取任何补充措施填补这突如其来的真空。

这些大胆举措带来的影响是剧烈的。1991—1993年，公司累计亏损1.02亿美元。

1993年，阿拉伯投资集团对他实现构想的能力失去了信心，由于马利左陷入了个人问题和资金问题，投资集团买断了他的股权。至此，古驰成为没有古驰家族参与的古驰，一年后，由于公司卖不出手，阿拉伯投资集团转而找到德索尔。

在马利左执掌古驰后期，古驰没有流动资金，没有设计师，货架没有新货，甚至连原材料都无钱购买。花旗银行逼债，意大利银行逼债，瑞士信托银行逼债，古驰的不动产和马利左的私人豪宅全部被冻结。1993年9月25日，马利左在银行签署了股权出售书，从投资集团拿到1.2亿美元现金后彻底退出古驰。至此，古驰成为没有古驰家族参与的古驰。

5　"后古驰时代"的古驰

接下来的古驰由投资集团选定的总裁德索尔管理，设计师兼创意总监是汤姆·福特，正是这个来自美国德克萨斯的奇才为古驰设计了许多震动世界的佳作。

1994年10月，福特推出的第一款产品几乎没有任何反响。但1995年3月，他推出的第二款产品就获得了极大的成功，第二天，展厅被抢购一空，古驰品牌终于重现生机。他用了3个月才摆脱梅洛和马利左的影响，设计出自己的审美设计体系。

1995年10月24日，古驰在美国纽约证券交易所上市，45分钟后，股票由22美元上升到26美元，1996年，古驰收获上市资金21亿美元，股票单股价值82美元。1998年，古驰公司因其经济和财务表现、战略眼光和管理精湛被欧洲商业报刊协会评为"欧洲年度最佳企业"。

1999年元旦，暗中囤积古驰34.4%股票的路易·威登-轩尼诗集团总裁伯纳德·阿诺特（Bernard Arnault）浮出水面，公开收购古驰。为了免于古驰被恶意并购，德索尔找到巴黎春天集团的持股人、法国富豪佛朗索瓦·皮诺特接受了协议，投资30亿美元获得古驰40%股权。进入21世纪，古驰主动出击收购圣罗兰，又斥资1亿美元收购意大利高档鞋厂塞尔吉奥德·索尔罗西（Sergio Rossi）70%股份，半年后买下法国著名珠宝企业宝诗龙（Boucheron），一个庞大的奢侈品帝国开始重整山河。

资料来源：

1. 辛西娅·蒙哥马利. 重新定义战略 [M]. 北京：中信出版社，2016.

2. http://baike.baidu.com.

3. https://book.douban.com/review/8061670/.

4. http://cbgc.scol.com.cn/lh/yd/201609/t20160907_53441.html, 2016-09-07，川报观察.

5. 柏翠莎·古驰. GUCCI：古驰王朝 [M]. 北京：九州出版社，2016.

■ 案例 15·使用说明

古驰奥·古驰（Guccio Gucci）家族兴衰

一、教学目的与用途

创业风险识别是创业者依据企业活动，对创业企业面临的现实以及潜在风险运用各种方法加以判断、归类并鉴定风险性质的过程。创业者都必须掌握风险识别的能力，并不断提高这种能力。本案例就是针对创业者应该认真避免和解决创业成功后企业的管理危机问题而设计的。

本案例可用于创业管理、风险管理课程，也适用于管理学、人力资源管理、企业战略管理等课程。

通过本案例的展示，具体的教学目的如下：

(1) 理解创业风险的含义；

(2) 引导学生思考创业各个阶段风险的来源及类型；

(3) 掌握典型创业风险的规避和防范方法；

(4) 掌握企业成长的规律，把握企业成长面临的不确定性和复杂性；

(5) 掌握企业持续成长的管理重点。

二、启发思考题

1. 创业风险的几种分类依据及其所划分的创业风险类别。

2. 创业成功后，在管理方面通常会存在哪些风险和障碍，应当如何处置？

3. 创业企业的危机特征有哪些方面的表现？

4. 创业企业各个成长阶段的关键领域与区别要素。

5. 为什么企业快速成长会导致环境的复杂性增强？

6. 新企业的成长会遇到哪些限制和障碍？

7. 为什么企业要注重用成长的方式解决成长过程中出现的问题？

8. 如何管理好保持企业持续成长的人力资本？

三、分析思路

教师可以根据自己的教学目标来灵活使用本案例。这里提出本案例的分析思路，仅供参考。

1. 总问题。

古驰的复兴包含成功和卓越的管理。本案例围绕古驰成长中遇到多重的挑战，应如何走出危机展开分析。结合企业生命周期理论，企业成长一般要经过哪些阶段？每一个阶段的特点是什么？

2. 子问题。

（1）市场变化迅速，古驰面临哪些风险？它以何种形象应对？

（2）风险是否一定意味着失败、亏损、危机？应付风险的策略正确与否的重要性体现在哪里？

（3）在葛雷纳的企业成长模型中，为什么说"推动企业成长的动力又往往是阻碍企业进一步成长的最大障碍"？

（4）为什么企业快速成长会导致环境的复杂性增强？

（5）企业持续成长的保障是什么？

四、理论依据及分析

1. 企业生命周期理论认为企业在诞生后，一般要经过培育期、成长期、成熟期和衰退期四个阶段。

处于培育期的企业称为初创企业，或者初创阶段的企业；企业能经过培育期存活下来，一般较快地转入成长期；企业坚持过成长期，就会进入成长速度放缓但利润率提高的收获季节，称为成熟企业；成熟期的企业如果不能成功地进行脱成熟化和蜕变的话,就会沦为衰退企业。

2. 哈佛大学教授拉瑞·葛雷纳(Larry E. Greiner)提出的五阶段模型主要描述企业成长过程中的演变与变革的辩证关系,很好地解释了企业的成长,进而成为研究企业成长的基础。

他利用五个关键性概念:组织年龄、组织规模、演变的各个阶段、变革的各个阶段和产业成长率,建立组织的发展模型。指出企业每个阶段都由前期演进和后期的变革或危机部分组成。这些变革和危机加速了企业向下一阶段的跃进。能否突破这种阻碍是企业能否进入下一阶段而达到成长目的的关键(见图1)。

企业在成长的过程中,一方面,在经营过程中更富有经验,逐渐走向成熟,并伴随着规模的扩大,使企业的成长过程呈现出有利于成长的健康态势;另一方面,通过对企业在成长各阶段过程中存在的,推动企业成长动力与阻碍企业成长阻力之间相互关系的协调与解决,使企业在各个阶段表现出成长状态。

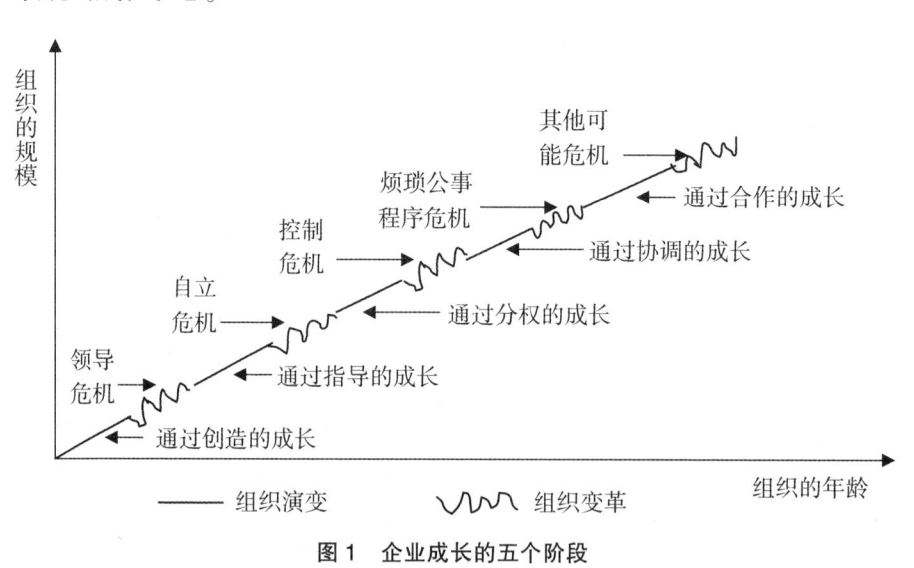

图1 企业成长的五个阶段

3. 伊查克·爱迪思(Ichak Adizes),是美国最有影响力的管理学家之一,企业生命周期理论创立者,组织变革和组织治疗专家,美国当代著名的管理学思想家、教育家、组织健康学的创始人,加州大学洛杉矶分校终身教授，斯坦福大学、特拉维夫大学和位于耶路撒冷的希伯来大学的客座教授。他在企业和政府部门有超过30年的诊疗经验，开发出爱迪思法，并创立爱迪思学院，受政府特许在组织健康领域授予硕士和博士学位。美国主流媒体评价爱迪思是20世纪90年代"唯一一名处于管理尖端领域的人"。

爱迪思将企业的成长过程划分为成长和老化两大阶段共十个时期，其中成长阶段从孕育期开始，经历婴儿期、学步期、青春期、盛年期，直到稳定期（见图2）。

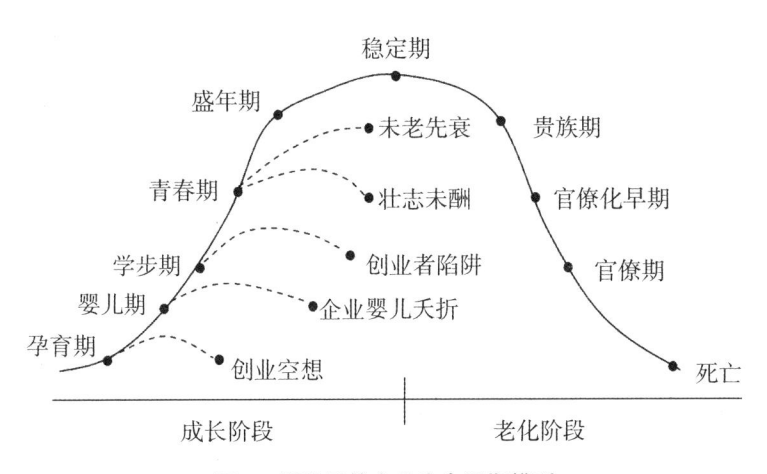

图2 爱迪思的企业生命周期模型

爱迪思画了一条像山峰轮廓的企业生命周期曲线。据说这条曲线可以延续几十年甚至上百年，而实际上很多企业没有走完这条完美的曲线就消失了。有的仅仅几年、十几年还在成长期就夭亡了。原因是企业成长中会遇到许多陷阱，企业没有跳过去。很多企业面临的最大问题是"第二次或第三次创业"的陷阱，尤其是民营企业。这时企业基本上已经发展起来，处在学步期或青春期，将要从创业型转为管理型，进行较大的跳跃。爱迪思指出的创办人或家族陷阱，也正是民企关心的如何超越家族制的问题。而这恰恰是企业最危险的一个陷阱。

根据爱迪思理论，壮年期是企业生命周期曲线中最理想的点，在这一点上企业的自控力和灵活性达到了平衡。壮年期的企业知道自己在做什么，该做什么，以及如何才能达到目的。壮年期并非生命周期的顶点，企业应该通过自己正确的决策和不断的创新变革，使企业持续成长。但如果失去再创业的劲头，就会丧失活力，停止增长，走向官僚化和衰退。

企业生命周期的理论和方法，是把企业看成一个机体，而不仅仅是一个组织，从把握全程到注重阶段提出动态管理的思想，对于思考企业的战略管理，提供了一个新的视角。

五、关键要点

（一）能够找出高成长企业的共性特征

1. 成功企业里，高层管理者对发展方向感觉敏锐，他们能够清楚地看到企业的薄弱环节，敢于大规模地调整经营结构，探索新的成功之路。

2. 成功企业的管理者具有持之以恒的创新精神，他们善于掌握顾客的消费行为和市场趋势的变化，能够从顾客的意见中发现新的创意。

3. 成功企业都有一流的战略规划，瞄准更高的经济效益和更稳固的竞争地位。企业的管理者把竞争优势视为长期经济效益的支撑点。

4. 成功企业的管理者有强烈的绩效意识。

5. 成功企业的管理者把战略看作企业的整体行动，他们并不满足于制定战略，还要同每一层工作人员保持联系，把战略意图渗透到每个成员的心中。

在本案例中，要能够找出创业不同阶段的主要风险与防范的关键点，从企业的管理模式、用人机制、营销模式等方面可以找到原因。一般说来，创业者把创业构想变成现实，并使企业开始赢利或具备赢利前景的时候，我们可以说创业获得了成功。创业成功以后，不管创业者选择让渡所有权或经营权，或者继续发展和开拓事业，保留企业的所有者和经营者的双重身份，企业都要经历一个休整期，这是不可逾越的阶段，在这个阶段，许多风险会迎面扑来，如果不及时化解这些风险，就会直接影响企业

案例 15 · 使用说明 | 古驰奥·古驰（Guccio Gucci）家族兴衰

的继续生存和发展。

（二）企业持续成长的管理重点（见图3）

确立企业的愿景、使命和核心价值观；

提升复杂环境下的战略规划能力；

注重整合外部资源追求外部成长；

管理好保持企业持续成长的人力资本；

从创造资源到管好、用好资源；

注重用成长的方式解决成长过程中出现的问题；

从过分追求速度转到突出企业的价值增加。

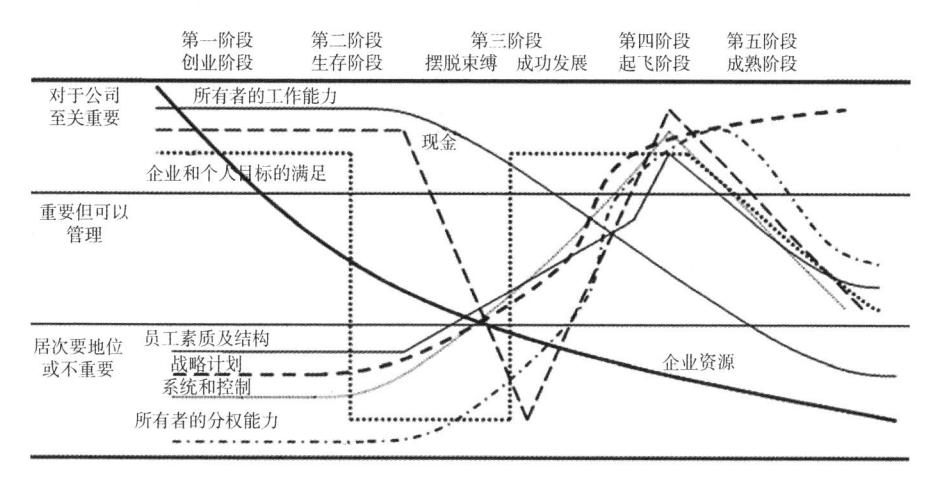

图3　各种管理因素在不同阶段的重要性比较

（资料来源：Neil. C. Churchill, and Virginia. L. Lewis（1983)."The five stages of small business growth". Harvard Business Review May–June. No. 83301.）

六、建议分析路线

1. 组织学生分组进行讨论，每个人模拟担任公司中不同岗位的角色，从不同的角度对问题进行分析。

2. 可以伴随讨论的不断深入，根据学生对问题的分析程度，再增加一些相关的假设条件，从而提高对问题分析的复杂程度和对案例讨论的灵活性。也可以引导学生考虑，在不同的假设条件下还有哪些方式、方法、措施和手段可以选择。

3. 如果时间充足的话，可以让学生结合以前学习过的相关内容，扩展思路，对同行业中成功和失败企业的经验教训进行分析，进一步加深对创业危机与风险的认识。

4. 最后，在结合各组讨论意见的基础上，老师提出供学生参考的观点，并进一步提出深入思考性的问题，为后续课程的讲授做好铺垫。

七、建议课堂计划

本案例可以作为专门的案例讨论课来进行。如下是按照时间进度提供的课堂计划建议，仅供参考。

整个案例课的课堂时间控制在 80~90 分钟。

课前计划：提出启发思考题，请学员在课前完成阅读和初步思考。

课中计划：简要的课堂前言，明确主题（2~5 分钟）；

分组讨论，告知发言要求（30 分钟）；

小组发言（每组 5 分钟，控制在 30 分钟）；

引导全班进一步讨论，并进行归纳总结（15~20 分钟）。

课后计划：如有必要，请学员采用报告形式给出更加具体的解决方案，为后续章节内容做好铺垫。